PORTUGUÊS

ENSINO FUNDAMENTAL 2º ANO

Organizadora: Edições SM
Obra coletiva concebida, desenvolvida e produzida por Edições SM.

Editor responsável:
Emílio Satoshi Hamaya

Mundo Amigo – Língua Portuguesa 2
© Edições SM Ltda.
Todos os direitos reservados

Autoria dos originais	**Ivaneide Dantas da Silva** Mestra em Linguística Aplicada e Estudos da Linguagem pela Pontifícia Universidade Católica de São Paulo (PUC-SP). Graduada em Pedagogia pela PUC-SP. Professora de cursos de pós-graduação e graduação na área de Educação. **Patrícia Prado Calheta** Mestra em Linguística Aplicada e Estudos da Linguagem pela PUC-SP. Graduada em Fonoaudiologia pela PUC-SP. Professora de cursos de pós-graduação e graduação na área de Educação.
Direção editorial	Márcia Takeuchi
Design e operações	Alysson Ribeiro
Gerência de processos editoriais	Rosimeire Tada da Cunha
Gerência editorial	Renata Paiva
Coordenação de área	Emílio Satoshi Hamaya
Edição	Kelly Soares, Millyane M. Moura, Natalia Taccetti, Rafaela Malerba, Rosemeire Carbonari
Assistência administrativa editorial	Alyne de Oliveira Serralvo, Fernanda Fortunato, Karina Miquelini, Rosi Benke, Tatiana Gregório
Preparação e revisão	Cláudia Rodrigues do Espírito Santo (Coordenadora), Alzira Aparecida Bertholim Meana (Assistente), Ana Catarina Nogueira, Arnaldo Rocha de Arruda, Eliana Vila Nova de Souza, Eliane Santoro, Flávia Schiavo, Izilda de Oliveira Pereira, Liliane Fernanda Pedroso, Miraci Tamara Castro, Rosinei Aparecida Rodrigues Araujo, Valéria Cristina Borsanelli
Coordenação de arte	Eduardo Rodrigues
Edição de arte	Rosangela Cesar de Lima Braga, Heidy Clemente Olim
Projeto gráfico	Equipe SM
Capa	Alysson Ribeiro, Erika Tiemi Yamauchi e Mônica Oldrine sobre ilustração de Poly Bernatene
Ilustrações	Andréa Vilela, AMj Studio, EstudioMIL, Felipe Campos, Leninha Lacerda, Luiz Catani, Manzi, Vanessa Alexandre, Vicente Mendonça
Iconografia	Jaime Yamane, Karina Tengan, Odete Pereira, Priscila Ferraz
Tratamento de imagem	Robson Mereu, Claudia Fidelis
Editoração eletrônica	Adriana Domingues de Farias, Estúdio Typegraphic, Heidy Clemente Olim, Keila Grandis, Renata Milan, Ruddi Carneiro, Select Editoração
Fabricação	Toninho Freire
Impressão	Cromosete

Dados Internacionais de Catalogação na Publicação (CIP)
(Câmara Brasileira do Livro, SP, Brasil)

Mundo amigo : língua portuguesa / obra coletiva concebida, desenvolvida e produzida por Edições SM ; editor responsável Emílio Satoshi Hamaya . — 2. ed. — São Paulo : Edições SM, 2012. — (Mundo amigo)

Vários ilustradores.
Obra em 5 v. para alunos do 1º ao 5º ano.
Suplementado pelo manual do professor.
Bibliografia.
ISBN 978-85-7675-855-6 (aluno)
ISBN 978-85-7675-856-3 (professor)

1. Língua portuguesa (Ensino fundamental)
I. Hamaya, Emílio Satoshi. II. Série.

12-00441   CDD-372.6

Índices para catálogo sistemático:
1. Língua portuguesa : Ensino fundamental 372.6

2ª edição, 2012
2ª impressão, 2013

Edições SM Ltda.
Rua Tenente Lycurgo Lopes da Cruz, 55
Água Branca   05036-120   São Paulo   SP   Brasil
Tel. 11 2111-7400
edicoessm@grupo-sm.com
www.edicoessm.com.br

Apresentação

A formação escolar deve pautar-se não somente pelo ensino de conteúdos, mas também, em grande medida, pelo desenvolvimento de competências e habilidades múltiplas. É nisso que acreditamos.

Para ajudar o professor a atingir esse objetivo em sua prática em sala de aula, planejamos criteriosamente, página por página, a distribuição dos conteúdos. As competências e habilidades, por sua vez, foram mobilizadas por meio de atividades orais, tarefas em grupo, jogos, projetos e, sobretudo, proposições de leitura e discussão de textos de autorias diversas.

Tudo isso para dar ao aluno oportunidades de constatar a circulação real do conhecimento e assegurar-lhe a solidez dos avanços conquistados em seus estudos. O resultado é uma coleção muito bem estruturada. Textos e atividades intercalam-se de modo equilibrado, o que confere objetividade e praticidade ao material.

Esperamos que alunos e professores tenham sucesso nesse encontro. E que os pais e a comunidade possam usufruir dos benefícios da experiência proporcionada por esta coleção.

Bom trabalho!

Equipe editorial

Por dentro do seu livro

Esta página e a seguinte apresentam uma breve explicação sobre o livro que você vai usar. Conhecendo-o bem, você aproveitará mais os recursos que ele oferece.

O livro tem oito capítulos. Veja como eles estão organizados.

▌▌ Abertura de capítulo

É composta por um texto ilustrado e por questões que devem ser respondidas oralmente. Essa atividade inicial está voltada à utilização dos conhecimentos que você já tem e à troca de ideias e também o prepara para o estudo dos assuntos do capítulo.

Nesse e nos demais textos do livro são destacadas e definidas as palavras que podem oferecer dúvidas quanto ao seu significado.

▌▌ Leitura

Nas seções **Leitura 1** e **Leitura 2**, estão presentes os textos que serão estudados com mais profundidade. Antes do texto a ser lido, uma pequena introdução leva você a pensar sobre ele e a se preparar para a leitura. Ao final, há informações variadas sobre ele.

▌▌ Estudo do texto

Por meio das atividades dessa seção, você vai observar as características do texto lido, seus significados e sua finalidade. Essa seção vem logo após a **Leitura 1** e a **Leitura 2**, e no final dela você encontra indicações de leitura e um boxe de educação para a cidadania. A partir do texto que foi estudado, esse boxe leva você a conversar e a pensar sobre o mundo em que vive, a família, o grupo, os comportamentos, as atitudes, etc.

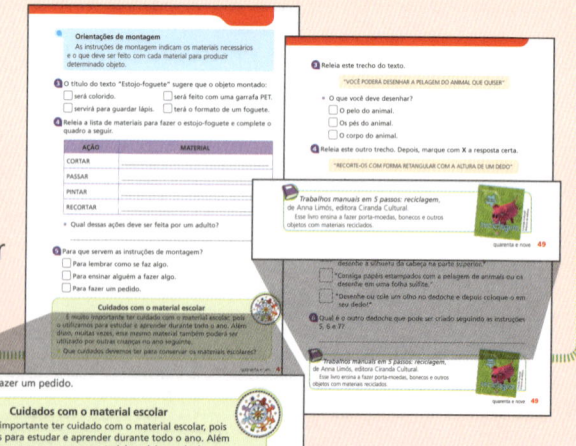

▌▌ Estudo da língua / Estudo da escrita

Nessas duas seções, você se dedica a estudar a língua portuguesa. Por meio da leitura de textos e de outras atividades, você vai analisar a língua portuguesa e o modo de escrever as palavras.

4 quatro

Produção de texto / Fazer e aprender

Depois de ler e estudar vários textos que têm determinadas características, você está preparado para escrever seu texto com essas mesmas características. Você terá dicas para criar vários textos, que depois muitas pessoas vão ler.

Na seção **Fazer e aprender**, você vai aprender atividades bem dinâmicas e terá a oportunidade de mostrar os seus textos e os seus trabalhos, junto com os de seus colegas, para muitas pessoas.

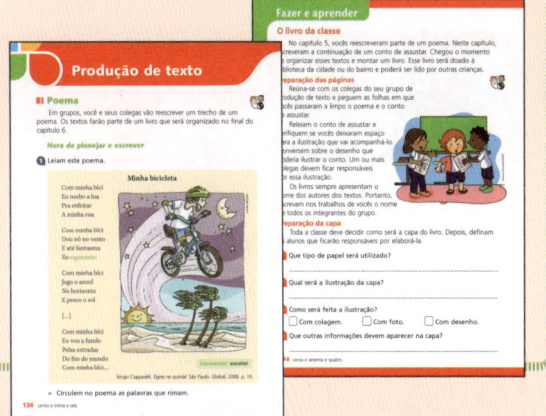

Descubra como...

Nos livros da coleção, você aprende uma série de procedimentos que serão muito úteis nas suas atividades escolares e no seu dia a dia. Você terá dicas para reconhecer as diferenças entre determinados textos, localizar informações em um cartaz, saber como usar o dicionário, fazer anotações para contar uma história, fazer uma ficha de leitura, escrever um *e-mail*, identificar palavras de diferentes regiões, fazer uma ficha de apoio para uma exposição oral, reconhecer as diferentes formas de composição do poema e muito mais.

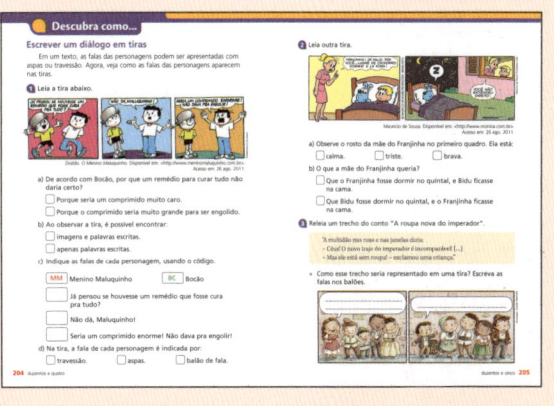

Antes de continuar / Rever e aprender

Nessas duas seções, por meio de atividades variadas, você vai relembrar os conteúdos que aprendeu ao longo do livro. A seção **Antes de continuar** está presente em todos os capítulos, e a seção **Rever e aprender** aparece a cada dois capítulos.

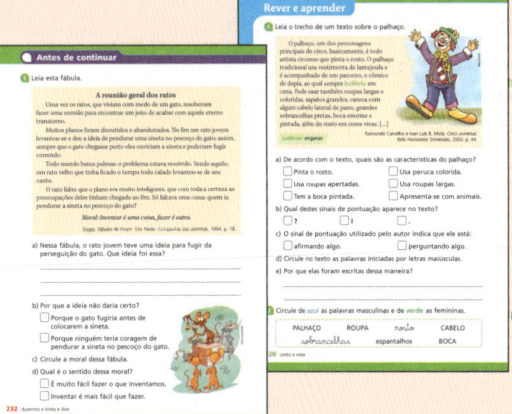

Símbolos usados no livro

 Indica que a atividade deve ser respondida oralmente.

 Evidencia que a atividade deve ser realizada em grupo.

 Informa que a atividade deve ser realizada em dupla.

cinco 5

Sumário

1 TEM COR, SABOR E ALIMENTA! — 10

Leitura 1
- Massa caseira para modelar 12
- Tinta caseira vegetal 13
- 🍎 **Estudo da língua**
  A ordem alfabética 16

Leitura 2
- Vitamina dos campeões 20
- Sanduíche de queijo 21
- 🍎 **Produção de texto**
  Receita 24
- 🍎 **Estudo da escrita**
  As letras **p** e **b**, **t** e **d**, **f** e **v** 28
- 🍎 **Descubra como...**
  Consultar o dicionário 32
- 🍎 **Antes de continuar** 34

2 PASSO A PASSO PARA MONTAR — 36

Leitura 1
- Cadernos 38
- Estojo-foguete 39
- 🍎 **Estudo da língua**
  Letra, sílaba e palavra 42

Leitura 2
- Dedoches 46
- 🍎 **Produção de texto**
  Instruções de montagem 50
- 🍎 **Estudo da escrita**
  Espaço entre as palavras 54
- 🍎 **Descubra como...**
  Encontrar palavras no dicionário 58
- 🍎 **Antes de continuar** 60

- **Fazer e aprender**
  O talento de cada um 62
- **Rever e aprender** 64

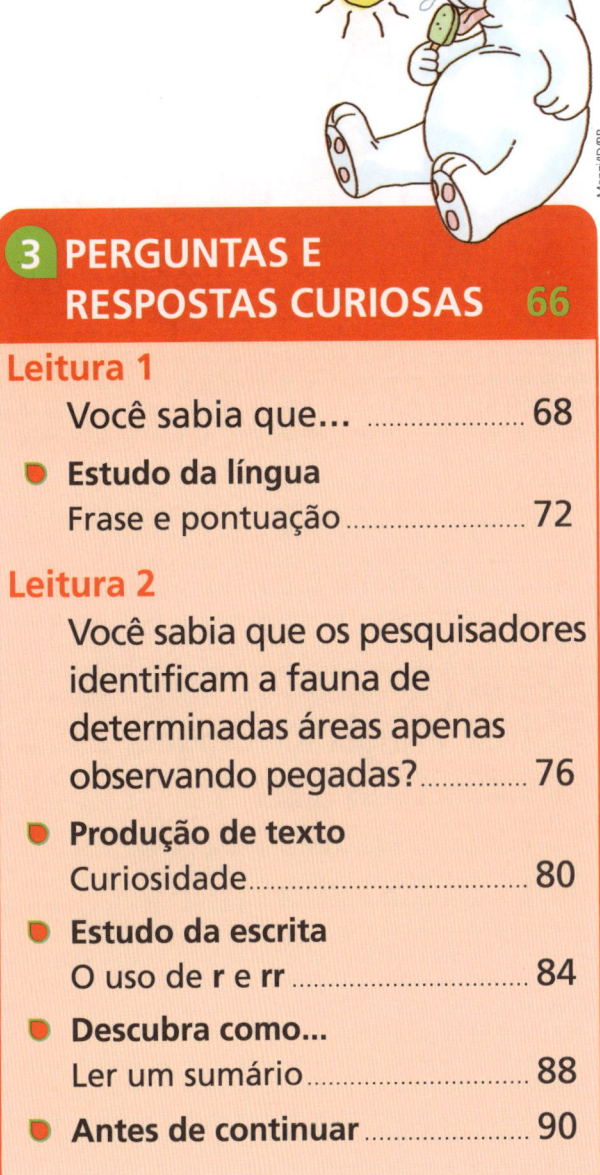

3 PERGUNTAS E RESPOSTAS CURIOSAS ... 66

Leitura 1
Você sabia que... ... 68

- **Estudo da língua**
Frase e pontuação ... 72

Leitura 2
Você sabia que os pesquisadores identificam a fauna de determinadas áreas apenas observando pegadas? ... 76

- **Produção de texto**
Curiosidade ... 80

- **Estudo da escrita**
O uso de r e rr ... 84

- **Descubra como...**
Ler um sumário ... 88

- **Antes de continuar** ... 90

4 INFORMAÇÃO POR TODA PARTE ... 92

Leitura 1
Negócio da China ... 94
A invenção do circo ... 95

- **Estudo da língua**
Masculino e feminino ... 98

Leitura 2
Dinossauros ... 102

- **Produção de texto**
Texto expositivo ... 106

- **Estudo da escrita**
O uso de s e ss ... 110

- **Descubra como...**
Escrever uma legenda ... 114

- **Antes de continuar** ... 116

- **Fazer e aprender**
Exposição de curiosidades ... 118

- **Rever e aprender** ... 120

sete **7**

5 PALAVRAS PARA ENCANTAR E RIMAR 122

Leitura 1
Sono pesado 124

- **Estudo da língua**
Singular e plural 128

Leitura 2
Essa não! 132

- **Produção de texto**
Poema 136

- **Estudo da escrita**
O uso de **c** e **ç** 140

- **Descubra como...**
Ler um poema em voz alta 144

- **Antes de continuar** 146

6 SUSTOS E SUSPENSE NO AR 148

Leitura 1
Caio? 150

- **Estudo da língua**
Pontuação 154

Leitura 2
O Sr. Pringle e o dragão 158

- **Produção de texto**
Conto de assustar 162

- **Estudo da escrita**
O uso de **m** antes das letras **p** e **b** 166

- **Descubra como...**
Registrar para contar histórias 170

- **Antes de continuar** 172

- **Fazer e aprender**
O livro da classe 174
- **Rever e aprender** 176

7 HISTÓRIAS DE TODOS OS TEMPOS — 178

Leitura 1
A roupa nova do imperador – primeira parte 180

- **Estudo da língua**
  Pontuação de diálogo 186

Leitura 2
A roupa nova do imperador – segunda parte 190

- **Produção de texto**
  Conto tradicional 196
- **Estudo da escrita**
  Sons nasais 200
- **Descubra como...**
  Escrever um diálogo em tiras 204
- **Antes de continuar** 206

8 APRENDENDO COM OS ANIMAIS — 208

Leitura 1
O sapo e o boi 210
O burro e o cachorrinho 211

- **Estudo da língua**
  Acentuação 214

Leitura 2
O Leão e o Rato 216

- **Produção de texto**
  Fábula 220
- **Estudo da escrita**
  Encontros consonantais 224
- **Descubra como...**
  Fazer uma ficha de leitura 228
- **Antes de continuar** 232

- **Fazer e aprender**
  Roda de histórias 234
- **Rever e aprender** 236

- **Para conhecer mais** 238
- **Referências bibliográficas** 240
- **Encarte** 241

nove **9**

1

Tem cor, sabor e alimenta!

RECEITA DE SE OLHAR NO ESPELHO

SE OLHE DE FRENTE
DE LADO
DE COSTAS
DE CABEÇA PARA BAIXO
PINTE O ESPELHO
DE AZUL DOURADO VERMELHO
FAÇA CARETAS RIA SORRIA
FECHE OS OLHOS ABRA OS OLHOS
E SE VEJA SEMPRE SURPRESA

QUEM É VOCÊ?

Roseana Murray. *Receitas de olhar*. São Paulo: FTD, 1999. p. 12.

- Ao ler o texto, o que se aprende a fazer?

- De acordo com o texto, o que deve ser feito primeiro?
    a) Abrir os olhos.
    b) Fazer caretas.
    c) Se olhar de frente.

- E por último?

- No título desse texto aparece a palavra **receita**. Você sabe o que é uma receita?

- Em que situações as pessoas costumam usar receitas?

- Com um colega, siga os passos da "Receita de se olhar no espelho".

Leitura 1

As pessoas podem comprar alguns produtos em uma loja. Mas às vezes preferem fazer, por exemplo, sabão, tintas, papéis ou massinhas em suas casas. Pela leitura dos textos a seguir, você vai aprender a fazer alguns desses produtos.

- Observe as ilustrações que acompanham estas receitas. O que você imagina que vai aprender a fazer?

RECEITA 1

MASSA CASEIRA PARA MODELAR

MATERIAL
4 XÍCARAS DE FARINHA DE TRIGO
1 XÍCARA DE SAL
1 XÍCARA E MEIA DE ÁGUA
1 COLHER DE CHÁ DE ÓLEO

MODO DE FAZER
EM UMA TIGELA, MISTURE TODOS OS INGREDIENTES ATÉ FORMAR UMA MASSA. AMASSE BEM ATÉ ELA FICAR BOA PARA MODELAR. QUANDO ESTIVER PRONTA, GUARDE-A EM UM SACO PLÁSTICO AMARRADO OU EM UM POTE DE VIDRO BEM TAMPADO, PARA NÃO RESSECAR.

DOMÍNIO PÚBLICO.

RECEITA 2

TINTA CASEIRA VEGETAL

MATERIAL

1 BETERRABA

1 CENOURA

1 MAÇO DE ESPINAFRE

1 COPO DE ÁGUA

MODO DE FAZER

EM UM LIQUIDIFICADOR, DESPEJE A ÁGUA, COM UM DOS MATERIAIS ACIMA, DEPENDENDO DA COR QUE VOCÊ DESEJA OBTER.

TINTA VERMELHA: BETERRABA E ÁGUA.

TINTA AMARELA: CENOURA E ÁGUA.

TINTA VERDE: ESPINAFRE E ÁGUA.

PASSE A MISTURA EM UMA PENEIRA E GUARDE A TINTA EM POTES DE VIDRO BEM TAMPADOS.

DOMÍNIO PÚBLICO.

Lembre-se
Peça ajuda a uma pessoa adulta para usar o liquidificador.

Muitas pessoas costumam registrar em cadernos as receitas que inventam ou aprendem, e eles se tornam cadernos de receitas.

Estudo do texto

1 Releia o título da Receita 1.

> **Massa caseira para modelar**

a) A massa apresentada na receita serve para:

☐ fazer pão.

☐ fazer modelos de objetos, animais e bonecos.

☐ passar no cabelo.

b) Observe a palavra que aparece em destaque no título. Ela indica que a massa é:

☐ comprada no supermercado.

☐ feita em casa.

2 Localize as informações que aparecem na Receita 1.

a) Pinte de azul as palavras que indicam os materiais necessários para se fazer a massa caseira.

b) Circule o trecho do texto em que aparece como a massa deve ser feita.

As partes da receita

Todas as receitas apresentam título, lista de materiais necessários com as suas quantidades e o modo de utilizar os materiais.

3 Complete o trecho abaixo com as palavras dos quadros.

| MISTURE | AMASSE | GUARDE |

NUMA TIGELA, _____ TODOS OS INGREDIENTES,

_____ BEM ATÉ A MASSA FICAR BOA PARA MODELAR.

_____ EM SACO PLÁSTICO AMARRADO OU EM UM

POTE DE VIDRO BEM TAMPADO.

14 catorze

4 Releia a Receita 2.

a) O que ela ensina?

_____

b) Quais são os materiais necessários? Marque com **X**.

☐ FARINHA ☐ ÁGUA ☐ BETERRABA

☐ CENOURA ☐ ÓLEO ☐ SAL

☐ ESPINAFRE ☐ LEITE ☐ AÇÚCAR

c) Para fazer essa receita, os materiais devem ser colocados primeiro em:

☐ uma tigela.   ☐ um pote de vidro.   ☐ um liquidificador.

d) Qual dos materiais utilizados na segunda receita também aparece na primeira? _____

e) Complete as frases.

- Beterraba forma a cor _____.

- Cenoura forma a cor _____.

- Espinafre forma a cor _____.

5 Por que as pessoas escrevem receitas?

☐ Para contar uma história.

☐ Para ensinar outras pessoas a fazer algo.

☐ Para lembrar como se faz algo.

☐ Para fazer um convite.

Meu primeiro livro de culinária, de Annabel Karmel, editora Publifolha.

Esse livro apresenta receitas de pratos deliciosos. São receitas fáceis de fazer e ótimas para se divertir na cozinha.

quinze **15**

Estudo da língua

A ordem alfabética

1 Observe a lista de sobremesas de um caderno de receitas.

RECEITAS	PÁGINA
ABACAXI EM CALDA	3
BOLO DE CHOCOLATE	4
DOCE DE LEITE	5
GOIABADA	6
MANJAR	7
PUDIM DE COCO	8
SORVETE DE CREME	9
TORTA DE LIMÃO	10

a) Essa lista está em ordem alfabética. Que critério foi utilizado para organizá-la?

☐ A ordem das páginas das receitas.

☐ A primeira letra de cada palavra.

☐ A quantidade de palavras em cada título.

b) Qual destas listas também foi organizada nessa ordem? Circule-a.

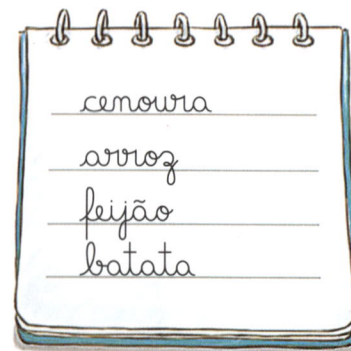

16 dezesseis

A ordem alfabética

O alfabeto é o conjunto das letras que utilizamos para formar palavras. A sequência das letras no alfabeto é chamada de ordem alfabética.

ALFABETO EM LETRA MAIÚSCULA

A	B	C	D	E	F	G	H	I
J	K	L	M	N	O	P	Q	R
S	T	U	V	W	X	Y	Z	

ALFABETO EM LETRA MINÚSCULA

a	b	c	d	e	f	g	h	i
j	k	l	m	n	o	p	q	r
s	t	u	v	w	x	y	z	

O conhecimento da ordem alfabética é importante para organizar diversas listas, como a lista de nomes de alunos de uma classe e a de assinantes em uma lista telefônica. Ela também é útil, por exemplo, quando precisamos localizar um livro em uma biblioteca.

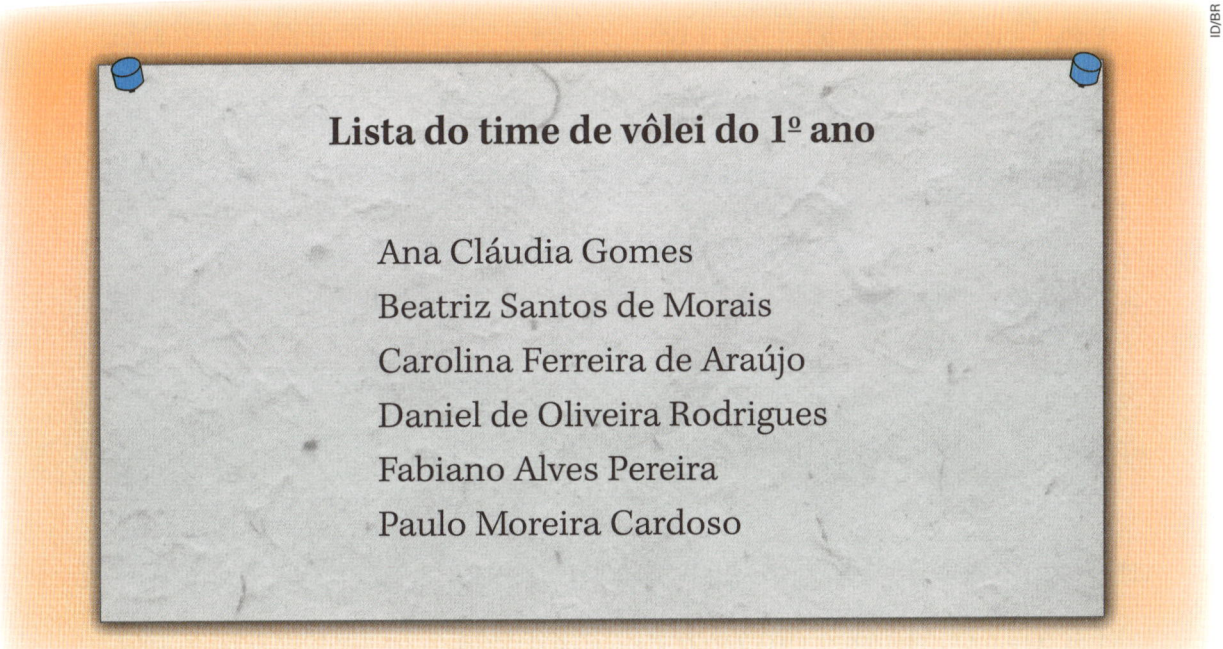

Lista do time de vôlei do 1º ano

Ana Cláudia Gomes
Beatriz Santos de Morais
Carolina Ferreira de Araújo
Daniel de Oliveira Rodrigues
Fabiano Alves Pereira
Paulo Moreira Cardoso

Atividades

1 Siga a ordem alfabética e complete os espaços com as letras que estão faltando.

🍀 **Dica!**
Em cada espaço, escreva a letra maiúscula correspondente.

A	B									
a	b	c	d	e	f	g	h	i	j	k

l	m	n	o	p	q	r	s	t	u	v

w	x	y	z

2 Observe, nas ilustrações abaixo, os itens necessários para fazer uma macarronada.

água
tomates
óleo
sal
queijo ralado
macarrão
cebola

a) Circule a primeira letra do nome de cada item.

b) Escreva os nomes em ordem alfabética.

3 As listas telefônicas são organizadas em ordem alfabética. Observe parte da página de uma lista telefônica.

Gabriel Pinheiro 1324-1234
Geraldo Cunha 1333-4444
Giovanni Silva 1453-5511
Graziela Ferreira 1625-0000
Gustavo Trabulsi 1542-7821

a) Circule a segunda letra do primeiro nome dessas pessoas.

b) Complete a frase a seguir com as palavras do quadro.

| iguais | próximas |

Para ordenar palavras que começam com letras _____,

é preciso observar as _____ letras.

4 Recorte as imagens de frutas da página 251 e cole-as no lugar indicado.

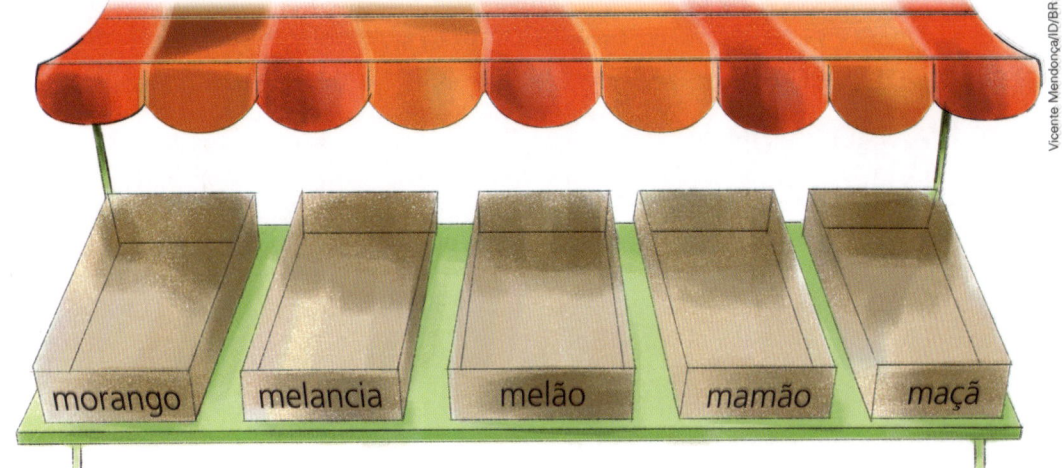

morango | melancia | melão | mamão | maçã

- Complete a lista de preços das frutas utilizando a ordem alfabética.

maçã	R$ 0,50
	R$ 1,00
	R$ 3,00
melão	R$ 2,00
	R$ 2,50

dezenove **19**

Leitura 2

Para uma receita dar certo, é preciso ler com atenção os ingredientes e seguir, passo a passo, as instruções do modo de fazer.

- Leia o título das receitas apresentadas. O que é necessário para fazer uma "vitamina dos campeões" e um "sanduíche de queijo"?

RECEITA 1

VITAMINA DOS CAMPEÕES

1 CENOURA PEQUENA
1 TOMATE
1 MAÇÃ
1 BANANA-PRATA
½ MAMÃO PAPAIA
1 COLHER DE SOPA DE MEL
1 COPO DE SUCO DE LARANJA

½: meio, metade.
Imediato: na mesma hora.
Kcal: calorias, quantidade de energia que um alimento fornece.

Lembre-se
Peça ajuda a uma pessoa adulta para descascar e picar os ingredientes e para usar o liquidificador.

PREPARO: 10 MINUTOS
CONSUMO: IMEDIATO
RENDIMENTO: 4 COPOS
COPO: 74 KCAL

PEÇA AO SEU AJUDANTE PARA DESCASCAR E PICAR A CENOURA, O TOMATE, A MAÇÃ, A BANANA E O MAMÃO. COLOQUE TUDO NO LIQUIDIFICADOR E BATA MUITO BEM ATÉ DESMANCHAR.

ALÉM DE DELICIOSO, É SUPERSAUDÁVEL.

Gilda de Aquino. *Brinque-Book com as crianças na cozinha.* São Paulo: Brinque-Book, 2005. p. 53.

RECEITA 2

SANDUÍCHE DE QUEIJO

INGREDIENTES

2 FATIAS DE PÃO DE FORMA
1 FATIA GROSSA DE QUEIJO BRANCO
1 COLHER (SOPA) DE IOGURTE
1 PITADA DE ORÉGANO
2 FATIAS DE TOMATE
1 FOLHA DE ALFACE

MODO DE FAZER

PIQUE OU TRITURE O QUEIJO. JUNTE O IOGURTE E FAÇA UM CREME. ADICIONE O ORÉGANO. PASSE ESSE CREME NO PÃO, COLOQUE AS FATIAS DE TOMATE E A ALFACE.

Maria Luiza de Brito Ctenas e Márcia Regina Vitolo. *Crescendo com saúde*: o guia de crescimento da criança. São Paulo: C2, 1999. p. 123.

 **Lembre-se**
Para picar ou triturar o queijo, peça a ajuda de uma pessoa adulta.

Algumas receitas são publicadas em livros. Muitas pessoas gostam de ler esse tipo de livro para aprender a fazer lanches, bebidas, doces, etc. As receitas desta seção foram extraídas de livros de receitas saudáveis para as crianças.

vinte e um **21**

Estudo do texto

1 Releia a primeira receita.

   a) Circule os materiais necessários que aparecem na receita.

   b) Pinte a explicação sobre o modo de fazer.

2 Numere as ilustrações de acordo com a ordem das ações indicadas na receita "vitamina dos campeões", que devem ser feitas por um adulto.

A ordem das ações

Quando seguimos uma receita, a ordem das ações é muito importante para se obter um bom resultado.

3 Releia.

"ALÉM DE DELICIOSO, É SUPERSAUDÁVEL."

- A palavra **supersaudável** informa que a vitamina:

☐ é gostosa.   ☐ faz bem à saúde.   ☐ é colorida.

4 Releia o título das receitas.

VITAMINA DOS CAMPEÕES   **SANDUÍCHE DE QUEIJO**

a) O título da primeira receita sugere que a vitamina:

☐ é fácil de fazer.   ☐ ajuda a ficar forte.

b) O título da segunda receita indica que ela contém:

☐ pão e queijo.

☐ pão e alface.

22   vinte e dois

5 Releia um trecho da segunda receita.

> **INGREDIENTES**
> 2 FATIAS DE PÃO DE FORMA
> 1 FATIA GROSSA DE QUEIJO BRANCO
> 1 COLHER (SOPA) DE IOGURTE
> 1 PITADA DE ORÉGANO
> 2 FATIAS DE TOMATE
> 1 FOLHA DE ALFACE

a) Que informações esse trecho apresenta?

☐ Os materiais necessários para fazer um sanduíche de queijo.

☐ As ações para montar um sanduíche de queijo.

b) O que os números indicam?

☐ A quantidade dos ingredientes.

☐ A ordem em que os ingredientes devem ser misturados.

c) Qual a medida de iogurte utilizada na receita?

☐    ☐    ☐

Ilustrações: Catari/ID/BR

Quantidades e medidas

Nas receitas, são informadas a quantidade e a medida de cada ingrediente ou material.

Cuidados com a alimentação

Ao preparar alimentos e durante as refeições, é preciso tomar alguns cuidados para garantir uma alimentação saudável, sem riscos à saúde.

- Que cuidados as pessoas devem ter ao preparar alimentos?
- Que cuidados as pessoas devem ter antes e durante as refeições?

vinte e três **23**

Produção de texto

▋▋ Receita

Vocês vão formar grupos para escrever uma receita. Depois, em um dia combinado com o professor, cada grupo vai ensinar os outros a preparar a receita que escreveu.

Hora de planejar e escrever

1 Observem os ingredientes necessários para preparar três receitas.

☐ **SALADA COLORIDA**

☐ **SUCO DE LIMÃO**

☐ **SALADA DE FRUTAS**

2 Escolham uma dessas receitas para escrever e marquem **X** no quadro ao lado do nome de uma delas.

24 vinte e quatro

3 Escrevam a lista dos ingredientes de sua receita. Indiquem a quantidade ou a medida de cada um.

Ingredientes

_____

_____

_____

_____

_____

> **Lembre-se**
> Medidas para receitas:
> - colher
> - maço
> - xícara
> - fatia
> - copo
> - pitada
> - folha

4 Decidam como a receita será preparada.

a) Que ações devem ser realizadas?

☐ descascar ☐ cortar ☐ picar

☐ amassar ☐ espremer ☐ misturar

b) Qual será a sequência das ações?

1. _____
2. _____
3. _____
4. _____
5. _____
6. _____

> **Dica!**
> Para escrever o modo de fazer, informem a ação e o ingrediente. Por exemplo: picar o tomate.

vinte e cinco **25**

5 Escrevam a receita completa neste espaço.

a) Escrevam o título.

b) Escrevam os ingredientes e o modo de fazer.

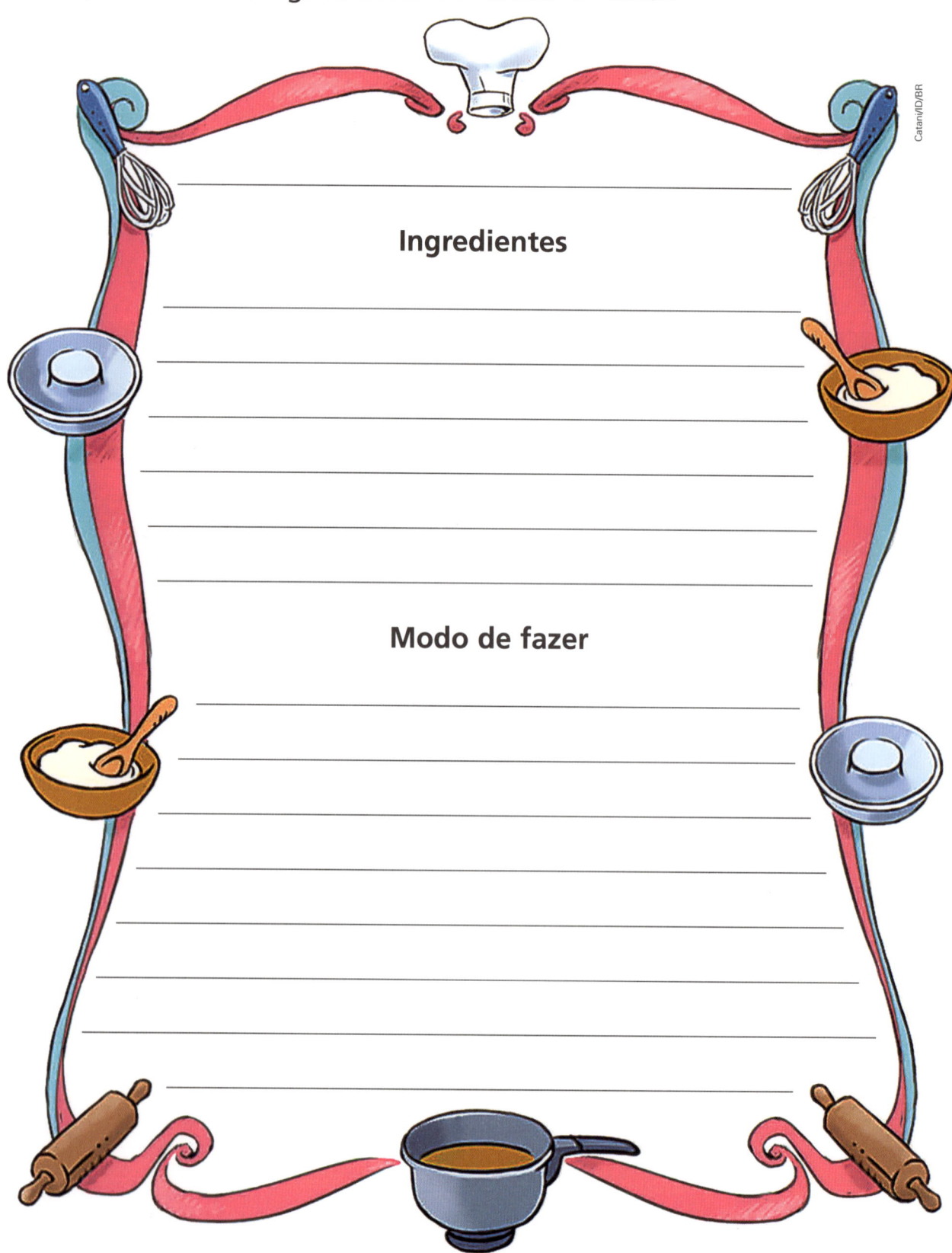

Ingredientes

Modo de fazer

Hora de avaliar

1. Troquem o texto de vocês com o de outro grupo para avaliar as receitas produzidas.

2. Respondam às perguntas completando o quadro.

	Sim	Não
A receita tem título?		
Os ingredientes foram informados?		
A quantidade ou a medida de cada ingrediente foi mencionada?		
O texto apresenta passo a passo o modo de fazer?		

Hora de reescrever

1. Leiam a avaliação feita pelo outro grupo.

2. Releiam o texto de vocês e verifiquem as alterações necessárias.

3. Passem o texto a limpo em uma folha avulsa.

4. Aproveitem para ilustrar a receita de vocês.

5. Escrevam também o nome dos integrantes do seu grupo.

vinte e sete 27

Estudo da escrita

As letras p e b, t e d, f e v

1 Leia os trechos da canção a seguir. Depois, faça o que se pede.

SOPA

O QUE QUE TEM NA SOPA DO NENÉM?
O QUE QUE TEM NA SOPA DO NENÉM?
SERÁ QUE TEM ESPINAFRE?
SERÁ QUE TEM TOMATE? [...]

SERÁ QUE TEM FARINHA?
SERÁ QUE TEM BALINHA!? [...]

SERÁ QUE TEM PALMITO?
SERÁ QUE TEM PIRULITO!? [...]

Palavra Cantada. *Canções de brincar*. MCD, 1996. CD.

a) Escreva o nome de cada um dos ingredientes mencionados na canção "Sopa".

T ☐ ☐ ☐ ☐ ☐
F ☐ ☐ ☐ ☐ ☐ ☐
B ☐ ☐ ☐ ☐ ☐ ☐
P ☐ ☐ ☐ ☐ ☐ ☐
P ☐ ☐ ☐ ☐ ☐ ☐ ☐
E ☐ ☐ ☐ ☐ ☐ ☐ ☐ ☐

b) Pinte as letras que aparecem no nome dos ingredientes, de acordo com as cores indicadas abaixo.

 P B F V T D

2 Observe as figuras.

_____ ARINHA

_____ ARINHA

a) Complete o nome de cada figura colocando a letra que falta.

b) Leia esses nomes em voz alta.

c) A primeira letra dessas palavras tem som:

☐ igual.   ☐ parecido.

3 Relacione as palavras que começam com sons parecidos.

FOTO

PICO

TELA

BICO

DELA

VOTO

4 Complete as frases.

a) O som da letra **P** é parecido com o da letra _____.

b) O som da letra _____ é parecido com o da letra **V**.

c) O som da letra **T** é parecido com o da letra _____.

Letras com sons parecidos

Os sons de **p** e **b**, de **t** e **d**, de **f** e **v** são parecidos. A troca de uma letra por outra produz palavras com significados diferentes. Exemplos: **v**ala, **f**ala; **d**ente, **t**ente; **B**ia, **p**ia.

vinte e nove **29**

Atividades

1 Leia a letra da canção abaixo.

OS BICHINHOS E O HOMEM

NOSSA IRMÃ, A MOSCA
É FEIA E TOSCA
ENQUANTO QUE O MOSQUITO
É MAIS BONITO
[...]

NOSSA IRMÃ, A BARATA
BICHINHA MAIS CHATA
É PRIMA DA BORBOLETA
QUE É UMA CARETA
[...]

Tosco: grosseiro, feito sem capricho.

Toquinho e Vinicius de Moraes.
Arca de Noé 2. Polygram, 1981. CD/LP.

a) Relacione os animais às suas características.

MOSCA   CHATA
MOSQUITO   TOSCA
BARATA   CARETA
BORBOLETA   BONITO

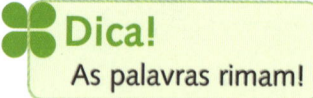

Dica! As palavras rimam!

b) Troque as letras destacadas para formar novas palavras.

F E I A   B A R A T A
↓   ↓   ↓
V   P   D

_____   _____

c) Transforme as palavras da canção e descubra o nome das figuras.

BARATA sem BA   BONITO sem NI

CARETA sem CA   BORBOLETA sem BOR nem LE

2 Cante a canção "Parabéns a você" e complete os espaços vazios com as letras dos balões.

___ara___éns a ___ocê

Nes___a ___a___a queri___a.

Mui___as ___elici___a___es

Mui___os anos ___e ___i___a.

3 Leia as palavras de cada grupo e faça o que se pede.

a) FACA   VAGA-LUME   GIRAFA   CURVA

- Circule as letras FA.
- Pinte as letras VA.

b) TATIANA   AMANDA   SAMANTA   DANIELA

- Escreva as palavras com TA.

_____

_____

- Escreva as palavras com DA.

_____

_____

c) BOMBA   RAMPA   BALA   PACOTE

- Escreva as palavras com PA.

_____

_____

- Escreva as palavras com BA.

_____

_____

trinta e um **31**

Descubra como...

Consultar o dicionário

Você vai conhecer o dicionário: um livro que nos ajuda a descobrir o significado de uma palavra e a maneira como ela é escrita.

1 Leia a tira.

Mauricio de Sousa. Disponível em: <http://www.monica.com.br>.
Acesso em: 24 ago. 2011.

a) O que está acontecendo com o pai do Cebolinha?

_____

_____

b) O que Cebolinha quer fazer para ajudar o pai?

☐ Prender o leão.

☐ Avisar um funcionário do zoológico.

☐ Avisar os bombeiros.

c) Cebolinha está consultando uma lista telefônica. Como as palavras em uma lista telefônica são organizadas?

_____

_____

d) Por que Cebolinha pergunta com que letra começa a palavra **zoológico**?

☐ Para saber em que página da lista telefônica ela aparece.

☐ Para ensinar a seu pai.

☐ Para escrever um bilhete.

32 trinta e dois

2 Qual destes textos poderia resolver a dúvida de Cebolinha? Marque com um **X**.

Saraiva infantil de A a Z: dicionário da língua portuguesa ilustrado. São Paulo: Saraiva, 2008. p. 304.

Gisela Tomanik Berland. Um tico-tico no fubá: sabores da nossa história. São Paulo: Companhia Editora Nacional, 2005. p. 82.

3 O texto que você marcou foi retirado de um dicionário. Em que situações você usaria um dicionário?

☐ Para saber como escrever uma palavra da lição de casa.

☐ Para fazer um bolo.

☐ Para entender o significado de uma palavra.

trinta e três **33**

Antes de continuar

1 Leia a seguinte receita.

Brigadeiro sem fogo

Ingredientes

1 lata de leite condensado
1 copo de leite em pó
1½ xícara de chá de achocolatado
1 xícara de chá de granulado

Modo de fazer

Misture bem o achocolatado com o leite em pó. Depois, adicione o leite condensado e mexa até formar uma massa uniforme. Faça bolinhas com a massa, depois de lavar bem as mãos. Passe as bolinhas no granulado.

Domínio público.

a) Pinte a parte do texto que informa os materiais necessários.

b) Circule a parte que apresenta as ações para fazer a receita.

c) Numere as ações de acordo com o que é indicado na receita.

2 Relacione cada ingrediente à medida ou à quantidade correspondente.

achocolatado   1 copo
leite em pó   1 xícara de chá
leite condensado   1½ xícara de chá
granulado   1 lata

3 Releia a lista de sobremesas da página 16.

RECEITAS	PÁGINA
ABACAXI EM CALDA	3
BOLO DE CHOCOLATE	4
DOCE DE LEITE	5
GOIABADA	6
MANJAR	7
PUDIM DE COCO	8
SORVETE DE CREME	9
TORTA DE LIMÃO	10

- Em que lugar ficaria a receita de "Brigadeiro sem fogo", se ela fizesse parte dessa lista? Marque sua resposta com **X**.

☐ ABACAXI EM CALDA
  BRIGADEIRO SEM FOGO
  BOLO DE CHOCOLATE

☐ BOLO DE CHOCOLATE
  BRIGADEIRO SEM FOGO
  DOCE DE LEITE

4 Complete as palavras com as letras que faltam.

a) **T** ou **D**

 ____IA

 ____IA

b) **F** ou **V**

 ____ACA

 ____ACA

2 Passo a passo para montar

PIÕES QUE CANTAM

DEBAIXO DE UM INGAZEIRO, VALDO E DONATO TENTAM FAZER, COMO O PAI OS ENSINOU, O PIÃO DA SEMENTE DO TUCUMÃ, QUE CANTA AO GIRAR. BUSCAM PRIMEIRO AS MELHORES SEMENTES, FAZEM ALGUNS PEQUENOS FUROS, LIMPAM E RASPAM TODO O SEU INTERIOR, DEIXANDO-AS TOTALMENTE OCAS. MAS, INFELIZMENTE, NÃO DEU CERTO: OS PIÕES NEM GIRAM E MUITO MENOS FAZEM SOM.

SEM SUCESSO, OS MENINOS GUARDAM OS PIÕES NOS BOLSOS E ESPERAM A CHEGADA DA NOITE, QUANDO O PAI VOLTARÁ DA MATA.

QUANDO CHEGA, MIGUEL, O PAI, ANALISA O PIÃO DOS FILHOS E PROMETE ENSINAR TUDO DE NOVO, MAS PRECISARÃO ESPERAR ATÉ A TARDE DO PRÓXIMO DIA. […]

NO HORÁRIO MARCADO, MIGUEL SENTA EM FRENTE À SUA CASA, AO LADO DE SUA MULHER […].

Ingazeiro: árvore encontrada na Região Norte do Brasil.
Oco: vazio por dentro.
Tucumã: palmeira da Região Norte.

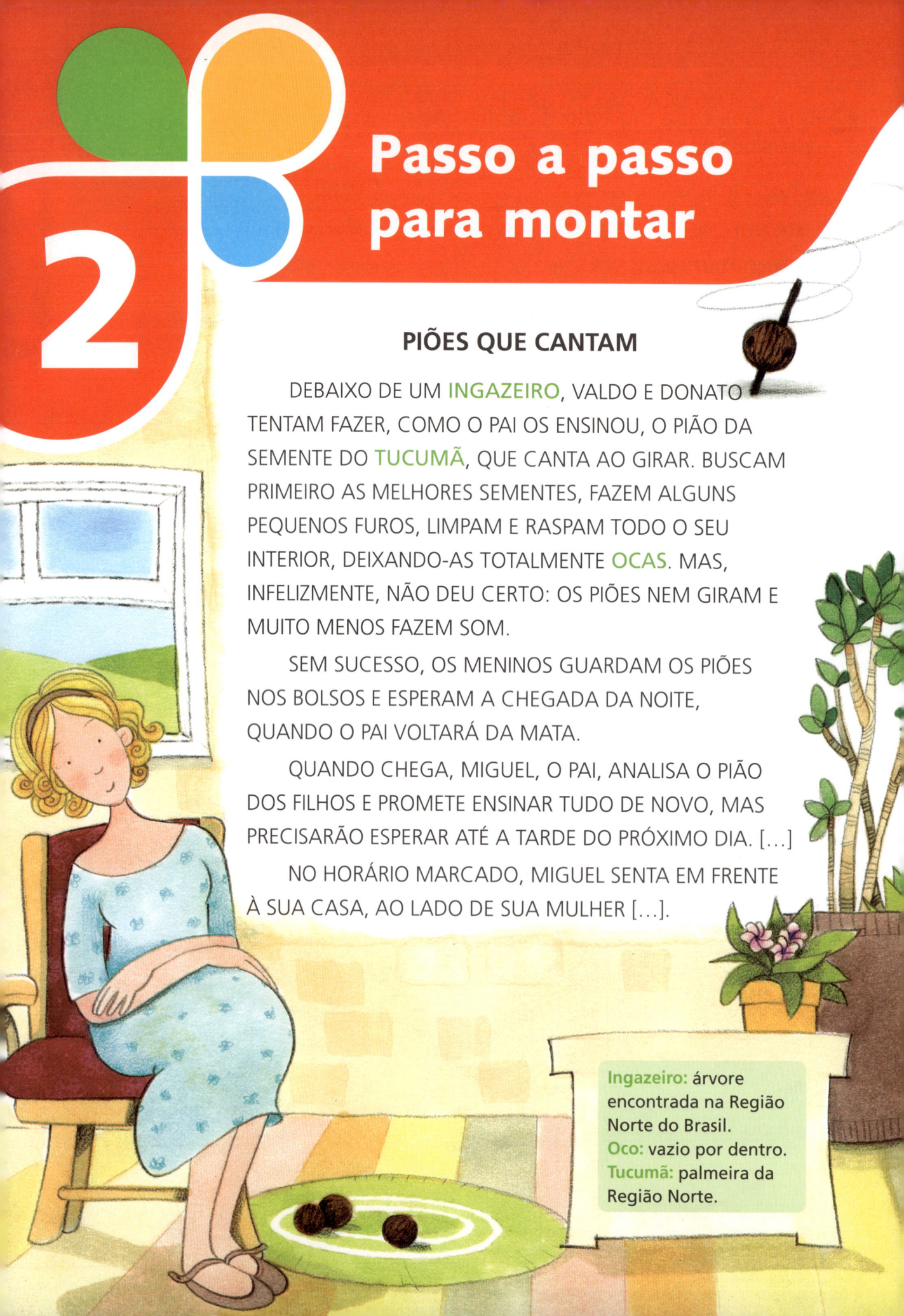

SEM EXPLICAÇÕES PRECISAS DE COMO FURAR A SEMENTE, QUAL A MELHOR MANEIRA DE SEGURAR A FACA SEM SE CORTAR OU COMO LANÇAR O PIÃO COM HABILIDADE, MIGUEL APENAS FAZ SEU PIÃO NA FRENTE DOS MENINOS, QUE O OBSERVAM, GIRAM A CABEÇA ENTRE O PIÃO DO PAI E OS SEUS PRÓPRIOS, E VÃO ARRISCANDO, FAZENDO JUNTO, SEM FALAR, PERGUNTAR OU PEDIR AJUDA.

DEU CERTO! TODOS OS PIÕES COMEÇAM A RODAR E ZUNIR QUASE AO MESMO TEMPO.

[...]

Renata Meirelles. *Giramundo e outros brinquedos e brincadeiras dos meninos do Brasil*. São Paulo: Terceiro Nome, 2007. p. 159-160.

- Que material Valdo e Donato usaram para fazer piões?
- O que eles fizeram para montar os piões?
- Por que os meninos resolveram esperar o pai chegar da mata?
- Como Miguel ajudou os meninos?
- Você já fez algum brinquedo? Explique para seus colegas como ele foi feito.

Leitura 1

Ao ler instruções de montagem, as pessoas podem aprender a fazer determinadas tarefas, como montar um brinquedo ou outro objeto.

- Que informações devem ser apresentadas nesses textos para ensinar as pessoas a montar algo?

TEXTO 1

CADERNOS

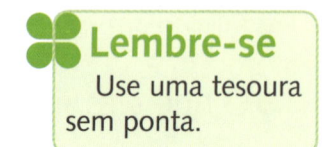

VOCÊ VAI PRECISAR DE:
CADERNOS BROCHURA
PAPÉIS COLORIDOS
FITA ADESIVA
CANETINHAS
FITAS PARA DECORAR
PLÁSTICO TRANSPARENTE

Lembre-se
Use uma tesoura sem ponta.

Brochura: caderno sem espiral.
Centímetro: medida de comprimento.

1 ABRA O CADERNO SOBRE UM PAPEL LISO E MARQUE 2,5 CENTÍMETROS A MAIS DE CADA LADO NO PAPEL. DESENHE O RETÂNGULO COM A RÉGUA, RECORTE E ENCAPE O CADERNO DOBRANDO NOS CANTOS E PRENDENDO COM FITA ADESIVA.

2 DESENHE AS FIGURAS QUE ESCOLHER, RECORTE-AS E COLE-AS NO CADERNO COM CUIDADO. ENCAPE COM O PLÁSTICO.

Ilustrações: Andréa Vilela/ID/BR

Revista *Recreio*, São Paulo, Abril, 5 fev. 2009, p. 16.

TEXTO 2

ESTOJO-FOGUETE

VOCÊ VAI PRECISAR DE:
GARRAFA PET PEQUENA
FITA ADESIVA
TINTAS
PAPÉIS ONDULADOS COLORIDOS
CANETINHAS

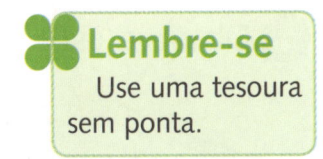

Lembre-se
Use uma tesoura sem ponta.

PET: tipo de embalagem plástica, muito usada para engarrafar refrigerantes.

1 PEÇA A UM ADULTO QUE CORTE A GARRAFA COMO INDICADO. PASSE A FITA ADESIVA NAS BORDAS CORTADAS E VIRE A SOBRA PARA DENTRO.

2 PINTE A GARRAFA E ESPERE SECAR. RECORTE UMA TIRA DO PAPEL ONDULADO. DESENHE A JANELA E RECORTE. COLE A TIRA.

3 RECORTE UMA ARGOLA DE PAPEL ONDULADO E COLE EM VOLTA DA JANELA. DESENHE E RECORTE OS PÉS DA NAVE. PINTE E COLE NA BASE.

Revista *Recreio*, São Paulo, Abril, 5 fev. 2009, p. 17.

Esses textos foram publicados em uma revista destinada ao público infantil. Nela são encontrados jogos, curiosidades, piadas, histórias em quadrinhos, entre outros.

Estudo do texto

1 Observe estas ilustrações.

a) Qual desenho ilustra o objeto que será montado no texto 1?

☐ A ☐ B ☐ C ☐ D

b) E qual ilustra o objeto que será montado no texto 2?

☐ A ☐ B ☐ C ☐ D

2 Releia o texto 1 e faça o que se pede.

a) Circule os materiais necessários para encapar o caderno.

b) Pinte as informações sobre o que deve ser feito.

c) Complete a sequência com as ações dos quadros.

| Medir o papel. | Encapar com plástico. | Encapar com papel. |

1. Abrir o caderno sobre um papel.

2. _____

3. Desenhar um retângulo e recortar.

4. _____

5. Desenhar, recortar e colar figuras.

6. _____

40 quarenta

Orientações de montagem

As instruções de montagem indicam os materiais necessários e o que deve ser feito com cada material para produzir determinado objeto.

3 O título do texto "Estojo-foguete" sugere que o objeto montado:

☐ será colorido.   ☐ será feito com uma garrafa PET.
☐ servirá para guardar lápis.   ☐ terá o formato de um foguete.

4 Releia a lista de materiais para fazer o estojo-foguete e complete o quadro a seguir.

AÇÃO	MATERIAL
CORTAR	
PASSAR	
PINTAR	
RECORTAR	

- Qual dessas ações deve ser feita por um adulto?
_____

5 Para que servem as instruções de montagem?

☐ Para lembrar como se faz algo.
☐ Para ensinar alguém a fazer algo.
☐ Para fazer um pedido.

Cuidados com o material escolar

É muito importante ter cuidado com o material escolar, pois o utilizamos para estudar e aprender durante todo o ano. Além disso, muitas vezes, esse mesmo material também poderá ser utilizado por outras crianças no ano seguinte.

- Que cuidados devemos ter para conservar os materiais escolares?

quarenta e um 41

Estudo da língua

Letra, sílaba e palavra

1 Leia o trecho de um poema.

> **O ALFABETO**
>
> A CAIXA DE LETRAS.
> MINHA FILHA BRINCA.
> ESPALHA-AS NA MESA,
> COMPÕE AS PALAVRAS,
> PESSOAS E COISAS,
> PLANTAS E ANIMAIS,
> DESLIZAM NA MESA
> CONSOANTES, VOGAIS.
> [...]
>
> Mauro Mota. O alfabeto. Em: Vera Aguiar e outros (Orgs.).
> *Poesia fora da estante*. Porto Alegre: Projeto-CPL/PUCRS, 2008. p. 93.

- A menina do poema forma palavras que são nomes de:

    ☐ pessoas. ☐ lugares. ☐ animais.

2 Complete as palavras do texto com as vogais que estão faltando.

M___S___   F___LH___

3 Escreva as consoantes do título do poema.

O A___ ___A___E___O

> O alfabeto é formado por letras vogais e consoantes.
> As letras **A, E, I, O, U** são vogais.
> As letras **B, C, D, F, G, H, J, L, M, N, P, Q, R, S, T, V, X, Z** são consoantes.
> As letras **K, W, Y** também fazem parte do alfabeto e aparecem em nomes e palavras estrangeiras, como *kart*, **Wilson** e **Yuri**.

4 Leia em voz alta e pausadamente as palavras abaixo.

Chi	co
A	ni	ta
ca	der	no
ba	na	nei	ra

- Ao ler essas palavras em voz alta e pausadamente, é possível perceber:

   ☐ cada parte da palavra.　　☐ a palavra toda de uma vez.

5 Releia as palavras do exercício anterior.

a) Circule as vogais dessas palavras.

b) Pinte o quadradinho formado apenas por uma vogal.

c) Existe algum quadradinho formado apenas por consoantes?

　☐ Sim.　　　☐ Não.

> **Sílaba e palavra**
>
> Cada parte pronunciada de uma palavra recebe o nome de sílaba.
> As sílabas podem ser formadas apenas por vogais ou por vogais e consoantes. Exemplos: A-ni-ta; Chi-co; ca-der-nos.
> As palavras são formadas por uma ou mais sílabas agrupadas. Exemplos: pá; ga-to; ba-na-nei-ra.

6 Leia as palavras e indique a quantidade de sílabas de cada uma.

a) | mar | : _____

b) | ca | der | no | : _____

c) | ga | to | : _____

d) | Ma | ri | a | na | : _____

Atividades

1 Complete a lista de materiais do texto "Cadernos" com as vogais que estão faltando.

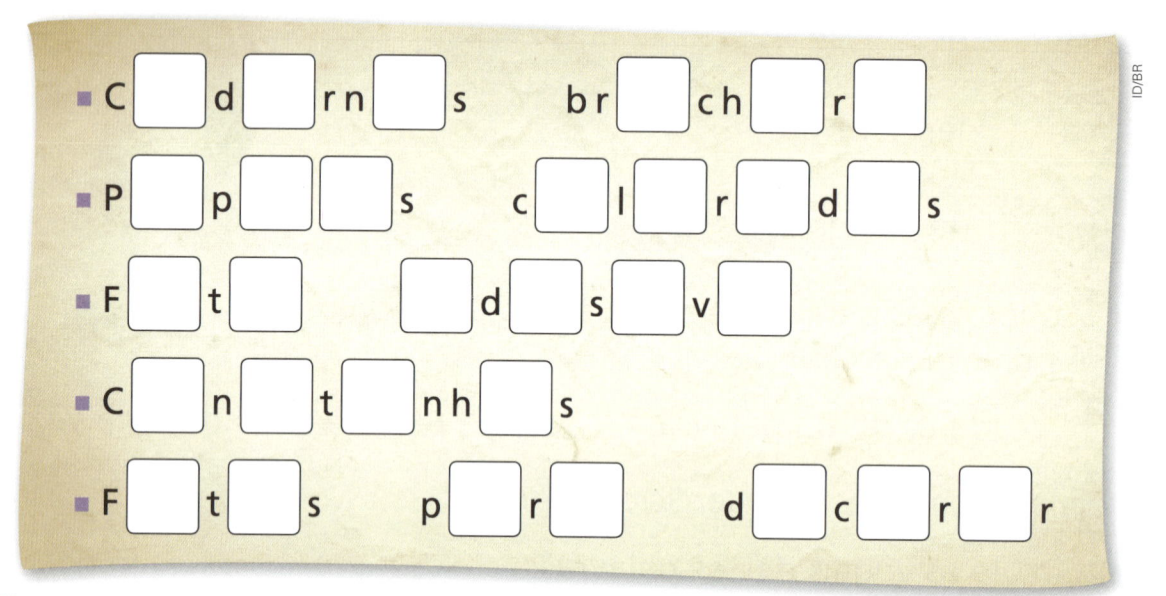

- C☐d☐rn☐s   br☐ch☐r☐
- P☐p☐☐s   c☐l☐r☐d☐s
- F☐t☐   ☐d☐s☐v☐
- C☐n☐t☐nh☐s
- F☐t☐s   p☐r☐   d☐c☐r☐r

2 Circule o quadrinho com a sílaba que completa cada palavra.

a) ES – ★ – JO   BA   TO   CHI

b) ★ – GUE – TE   FA   ES   FO

c) PE – QUE – ★   LI   NO   TU

d) ★ – DE – SI – VO   PU   A   CHI

e) CO – LO – RI – ★   DE   O   DO

3 Leia o nome das frutas em voz alta. Em seguida, separe as sílabas desses nomes, escrevendo cada uma delas em um quadrinho.

a) uva

b) mamão

c) banana

d) abacaxi

44 quarenta e quatro

4 Leia este poema.

Com M se escreve MÃO.
E agora vê que engraçado:
Na palma da tua mão
Tens um M desenhado!

Mario Quintana. *O batalhão das letras*.
São Paulo: Globo, 2009. s/p.

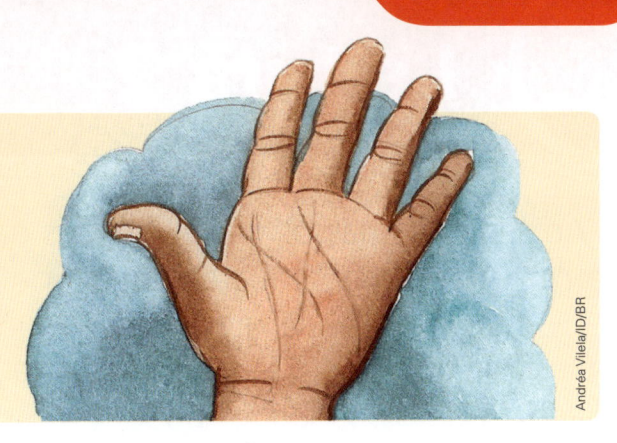

a) Observe os traços da palma de sua mão. É possível ver a letra **M** desenhada?

☐ Sim.   ☐ Não.

b) Circule, no poema, as palavras escritas com apenas uma sílaba.

c) Complete o quadro com as palavras que você encontrou no item anterior. Siga as indicações.

Apenas uma vogal	_____
Vogal + consoante	_____
Consoante + vogal	_____
Consoante + vogal + consoante	_____

5 Ordene as sílabas para formar outras palavras do poema.

a) MA PAL _____

b) RA GO A _____

6 Descubra a resposta da adivinha a seguir usando este código.

🐝 = a   🐘 = e   🐸 = sí   ⚽ = ba   🪀 = bi
👦 = ge   🐱 = ga   🍊 = la   👁 = lo   🦶 = pu

■ O que é, o que é? O gafanhoto tem no começo e a pulga tem no fim.

🐝 🐸🍊⚽ 🐱 _____

quarenta e cinco **45**

Leitura 2

Ao seguir os passos das instruções de montagem, é possível fazer objetos para estudar, trabalhar, brincar e realizar outras tarefas do dia a dia.

- Observe o título do texto e as ilustrações. Em que situações você imagina que os dedoches podem ser usados?

DEDOCHES

PARA CRIAR OS DEDOCHES, VOCÊ VAI PRECISAR DE PAPÉIS ESTAMPADOS COM A PELAGEM DE VÁRIOS ANIMAIS. SE NÃO TIVER FACILIDADE DE ENCONTRAR ESSE TIPO DE PAPEL, VOCÊ PODERÁ DESENHAR A PELAGEM DO ANIMAL QUE QUISER EM UMA FOLHA DE SULFITE. OS DEDOCHES SÃO MUITO FÁCEIS DE FAZER! COM ESSAS DIVERTIDAS PERSONAGENS, VOCÊ PODERÁ INVENTAR PEÇAS TEATRAIS E SITUAÇÕES MUITO ENGRAÇADAS.

1 CONSIGA PAPÉIS ESTAMPADOS COM A PELAGEM DE ANIMAIS OU OS DESENHE EM UMA FOLHA SULFITE.

Fotos: Luis Fernando Maciavi/ID/BR

2 RECORTE-OS COM FORMA RETANGULAR COM A ALTURA DE UM DEDO E DESENHE A SILHUETA DA CABEÇA NA PARTE SUPERIOR.

3 ENROLE A PARTE RETANGULAR EM FORMA DE CANUDO. PARA COLÁ-LA, USE UM PEDAÇO DE FITA ADESIVA OU COLA BRANCA.

Lembre-se
Use sempre tesoura sem ponta.

4 DESENHE OU COLE UM OLHO NO DEDOCHE E DEPOIS COLOQUE-O EM SEU DEDO!

Protagonizar: ter o papel de destaque.

5 VOCÊ PODE FAZER DIFERENTES ANIMAIS, COMO ESSE LEOPARDO!

6 DOBRE-O E COLE-O PARA COLOCAR EM SEU DEDO.

7 COM ESSE NARIZ, OLHOS E BIGODES, ESSA PERSONAGEM VAI **PROTAGONIZAR** HISTÓRIAS ENGRAÇADAS.

8 AQUI ESTÁ UMA ZEBRA COM O SEU PIJAMA DE LISTRAS!

9 NOSSOS AMIGOS ESTÃO PRONTOS PARA ATUAR. O QUE VOCÊ ESTÁ ESPERANDO?

Fotos: Luis Fernando Macian/ID/BR

Marta Ribón. *África*: atividades divertidas para crianças. São Paulo: Ciranda Cultural, 2008. p. 10-11.

Esse texto faz parte de um livro que apresenta instruções de montagem, receitas culinárias e regras de brincadeiras que mostram um pouco da cultura e do ambiente natural da África.

quarenta e sete **47**

Estudo do texto

1 O texto que você leu apresenta instruções para montar dedoches.

a) A palavra **dedoche** é formada pelas palavras:

☐ dedo + fantoche.   ☐ dedo + boneco.   ☐ dado + fantoche.

b) Complete a frase.

O dedoche é um fantoche para ser usado no _____.

c) Em quais situações são usados os dedoches?

☐ Para escrever um bilhete.

☐ Para telefonar.

☐ Para contar uma história.

2 As instruções de 2 a 4 correspondem ao dedoche de qual animal? Pinte a resposta.

| zebra | leopardo | girafa |

- Circule os desenhos dos materiais necessários para a montagem desse dedoche.

Ilustrações: Andréa Vilela/ID/BR

Apresentação dos materiais necessários

Em instruções de montagem, os materiais podem ser apresentados em forma de lista ou ao longo do texto.

48 quarenta e oito

3 Releia este trecho do texto.

> "VOCÊ PODERÁ DESENHAR A PELAGEM DO ANIMAL QUE QUISER"

- O que você deve desenhar?
  - ☐ O pelo do animal.
  - ☐ Os pés do animal.
  - ☐ O corpo do animal.

4 Releia este outro trecho. Depois, marque com **X** a resposta certa.

> "RECORTE-OS COM FORMA RETANGULAR COM A ALTURA DE UM DEDO"

- Que formato deve ter o recorte?

  ☐ △   ☐ ●   ☐ ▬

5 Ordene as orientações para a montagem do primeiro dedoche.

- ☐ "Enrole a parte retangular em forma de canudo. Para colá-la, use um pedaço de fita adesiva ou cola branca."
- ☐ "Recorte-os com forma retangular com a altura de um dedo e desenhe a silhueta da cabeça na parte superior."
- ☐ "Consiga papéis estampados com a pelagem de animais ou os desenhe em uma folha sulfite."
- ☐ "Desenhe ou cole um olho no dedoche e depois coloque-o em seu dedo!"

6 Qual é o outro dedoche que pode ser criado seguindo as instruções 5, 6 e 7?

_____

Trabalhos manuais em 5 passos: reciclagem, de Anna Limós, editora Ciranda Cultural.

Esse livro ensina a fazer porta-moedas, bonecos e outros objetos com materiais reciclados.

quarenta e nove **49**

Produção de texto

▍▍ Instruções de montagem

Em grupo, você e seus colegas escreverão parte das instruções para a montagem de um objeto. Depois, em um dia especial, apresentarão seu texto aos colegas de outra turma da escola.

Hora de planejar e escrever

1 Escolham um dos seguintes objetos para escrever parte das instruções de montagem.

☐ terrário ☐ bichinhos de cartolina

2 Leiam as instruções de montagem desses dois objetos.

BICHINHOS DE CARTOLINA

1º PASSO: DESENHE CARINHAS DE ANIMAIS [...] EM UMA FOLHA DE [PAPEL] SULFITE. DEIXE A CARINHA QUE VOCÊ DESENHOU BEM COLORIDA. AGORA, RECORTE A CARINHA. RECORTE TAMBÉM UM RETÂNGULO DE CARTOLINA DE 15 × 20 CM.

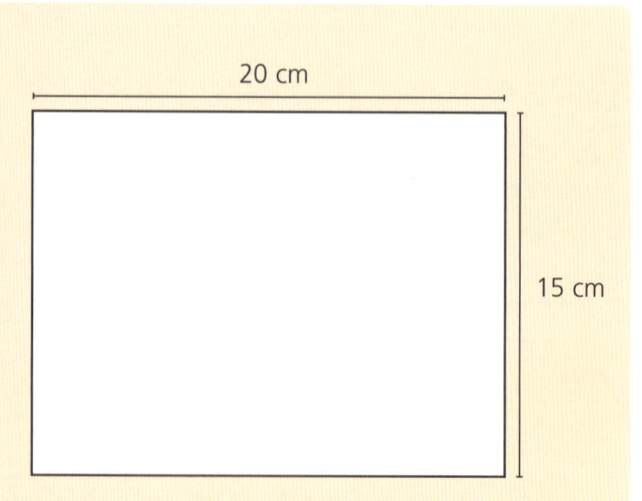

(20 cm × 15 cm)

2º PASSO: NOS OUTROS PAPÉIS COLORIDOS E ESTAMPADOS, RECORTE FORMAS VARIADAS EM TAMANHOS DIFERENTES.

3º PASSO: SOBRE O RETÂNGULO DE CARTOLINA QUE VOCÊ JÁ RECORTOU, COLE A CARINHA E MONTE A ROUPA DA PERSONAGEM COM OS RECORTES DE PAPEL.

4º PASSO: FAÇA UM CILINDRO COM O RETÂNGULO DE CARTOLINA JÁ DECORADO E COLE AS PONTAS. FAÇA VÁRIAS PERSONAGENS E MONTE UMA HISTÓRIA!

Bichinhos de cartolina. Disponível em: <http://uol.com.br/criancas>.
Acesso em: 24 ago. 2011.

TERRÁRIO

1º PASSO: A PARTIR DO FUNDO DE UMA GARRAFA TRANSPARENTE, FAÇA UMA MARCA A 6 CM. RECORTE NA MARCA E RESERVE A PARTE INFERIOR.

2º PASSO: PREENCHA O FUNDO DA GARRAFA COM A TERRA. ESSE TIPO DE TERRA É FÁCIL DE ENCONTRAR EM LOJAS ESPECIALIZADAS EM PRODUTOS DE JARDINAGEM.

JOGUE ALGUMAS SEMENTINHAS NA TERRA. ATENÇÃO: NÃO JOGUE MUITAS SEMENTES! TRÊS OU QUATRO SEMENTES JÁ SÃO O SUFICIENTE.

3º PASSO: JOGUE UM POUCO DE ÁGUA PARA DEIXAR A TERRA ÚMIDA, MAS NÃO ENCHARCADA.

COLOQUE A PARTE DE CIMA DA GARRAFA PARA FECHAR O SEU TERRÁRIO. TALVEZ VOCÊ TENHA QUE APERTAR UM POUCO AS BORDAS DA PARTE DE BAIXO PARA QUE ELA SE ENCAIXE DIREITINHO NA DE CIMA. DEIXE A TAMPINHA DA GARRAFA FECHADA.

Veja como se faz um terrário. Disponível em: <http://criancas.uol.com.br>.
Acesso em: 24 ago. 2011.

3 Releiam as instruções para fazer o objeto que vocês escolheram, identificando o que é necessário para montá-lo. Circulem os materiais indicados.

4 Que outros materiais podem ser necessários? Completem as informações do quadro sobre o objeto escolhido.

	Ação	Material
Bichinhos de cartolina	Desenhar	_____
	Recortar	_____
	Colar	_____

	Ação	Material
Terrário	Fazer uma marca	_____
	Recortar	_____

cinquenta e um **51**

5 Conversem sobre o desenho que acompanhará o texto. Vocês podem desenhar os materiais necessários, o modo de fazer a montagem ou o objeto pronto.

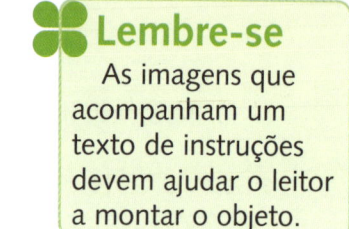

> **Lembre-se**
> As imagens que acompanham um texto de instruções devem ajudar o leitor a montar o objeto.

- O que vocês vão desenhar?

_____

6 Escrevam a lista de materiais necessários para montar seu objeto e façam os desenhos escolhidos.

Título: _____

Materiais necessários

_____
_____
_____
_____
_____
_____
_____

Ilustrações

Hora de avaliar

1 Troquem com outro grupo o texto e o desenho elaborados.

2 Leiam e avaliem o texto e o desenho dos colegas, completando o quadro.

	Sim	Não
O nome do objeto aparece como título do texto?		
Os materiais necessários foram apresentados em uma lista?		
Os desenhos ajudam o leitor a compreender como o objeto deve ser montado?		

Hora de reescrever

1 Leiam a avaliação feita pelo outro grupo e verifiquem se devem ser feitas alterações no texto de vocês.

2 Passem o texto e os desenhos a limpo em uma folha avulsa.

3 Nessa folha avulsa, escrevam também o modo de fazer conforme o texto da página 50 ("Bichinhos de cartolina") ou da página 51 ("Terrário").

4 Escrevam no final o nome dos integrantes de seu grupo.

Estudo da escrita

▌▌ Espaço entre as palavras

1 Leia um trecho da história da personagem Lúcia, uma lesma que faz tudo muito devagar.

> UM DIA, LÚCIA RECEBEU UM CONVITE PARA UMA FESTA. LEVOU O DIA INTEIRINHO PARA LER O BILHETE QUE DIZIA ASSIM:
>
> "CHISPA-FOGUINHO, A LIBÉLULA, CONVIDA VOCÊ PARA UMA FESTA DANÇANTE, EMBAIXO DO PÉ DE MARACUJÁ, ÀS OITO HORAS DA NOITE DO DIA 30 DE JANEIRO. COMES E BEBES, MUITA MÚSICA, MUITA ALEGRIA, TUDO DO BOM, DO MELHOR E DE GRAÇA."
>
> MAL ACABOU DE LER, LÚCIA JÁ SE FOI PREPARANDO PARA A FESTA. QUERIA SE PÔR A CAMINHO IMEDIATAMENTE, EMBORA FALTASSE AINDA UMA SEMANA.
>
> [...]
>
> Maria Heloísa Penteado. *Lúcia Já-Vou-Indo*. São Paulo: Ática, 2009. p. 4.

a) Quem escreveu o convite para Lúcia?
_____

b) Complete o quadro com as informações do convite.

Local da festa	
Data da festa	
Horário da festa	

54 cinquenta e quatro

2 Imagine que Lúcia tenha escrito um bilhete como resposta ao convite de Chispa-Foguinho. Leia.

> Querida,
>
> Adoreireceberoconvite.
>
> Jácomeceiamearrumarparanãochegaratrasada.
>
> Umbeijo
>
> Lúcia

a) Chispa-Foguinho estranhou a forma como foi escrito o bilhete. O que ela achou estranho?

_____

_____

b) O bilhete de Lúcia foi reescrito abaixo. Leia-o para perceber a diferença. Depois, pinte os espaços entre as palavras.

> Querida,
>
> Adorei receber o convite.
>
> Já comecei a me arrumar para não chegar atrasada.
>
> Um beijo
>
> Lúcia

O espaço entre as palavras

Nos textos escritos, as palavras devem ser separadas umas das outras por um espaço em branco.

Atividades

1 Releia o convite enviado a Lúcia.

> "CHISPA-FOGUINHO, A LIBÉLULA, CONVIDA VOCÊ PARA UMA FESTA DANÇANTE, EMBAIXO DO PÉ DE MARACUJÁ, ÀS OITO HORAS DA NOITE DO DIA 30 DE JANEIRO. COMES E BEBES, MUITA MÚSICA, MUITA ALEGRIA, TUDO DO BOM, DO MELHOR E DE GRAÇA."

- O que a expressão "de graça" indica sobre a festa dançante?
  - ☐ Que a festa será muito engraçada.
  - ☐ Que Lúcia precisará gastar dinheiro na festa.
  - ☐ Que Lúcia não precisará gastar dinheiro na festa.

2 Releia outro trecho, escrito de outro modo.

> Malacabou de ler, Lúcia já foi sepreparando paraa festa. Queriasepôracaminho imediatamente, emborafaltasseainda uma semana.

- Como essas palavras foram escritas?
  - ☐ Muitas palavras foram escritas juntas, sem espaço entre elas.
  - ☐ As palavras foram escritas separadas, com espaço entre elas.

3 Observe os materiais necessários para fazer um chocalho.

latadealumínio   sementesdefeijão   fitaadesiva

- Marque com um traço os lugares em que deveria existir um espaço entre as palavras.

56 cinquenta e seis

4 A professora de Lucas ditou as instruções para a montagem de um chocalho. Veja como ele escreveu o texto no caderno.

> Lave bem a lata de alumínio e esperesecar.
> Coloqueas sementes de feijão dentrodalata.
> Feche a lata comfita adesiva.
> O chocalho ficoupronto!

a) Pinte de vermelho as palavras que não foram separadas.

b) Reescreva essas palavras, deixando um espaço entre elas.

_____

_____

5 Leia este bilhete e faça o que se pede.

> Mamãe,
> Posso levar abolamarela para brincar na casa dadriana?
> Joana

a) Marque com um traço azul os espaços entre as palavras.

b) Como ficaria o bilhete de Joana com todas as letras e espaços entre as palavras?

☐ Mamãe,
Posso levar abola amarela para brincar na casa dadriana?
Joana

☐ Mamãe,
Posso levar a bola amarela para brincar na casa da Adriana?
Joana

cinquenta e sete **57**

Descubra como...

Encontrar palavras no dicionário

O dicionário apresenta os significados das palavras e a maneira como elas são escritas. Para encontrar as palavras no dicionário, é necessário conhecer a ordem alfabética.

1 Observe a página de um dicionário.

a

autorizar

os amigos. □ SINÔNIMO: consentimento, permissão. □ O plural é *autorizações.* □ FAMÍLIA: →autorizar.
autorizar ⟨au.to.ri.zar⟩ verbo Deixar alguém fazer algo: *Minha mãe não me autorizou a ir ao cinema enquanto não terminasse minha tarefa.* □ Conjuga-se como AMAR. □ FAMÍLIA: autoridade, autorização.
auxiliar ⟨au.xi.li.ar⟩ ▌substantivo **1** Pessoa que ajuda outra em uma atividade profissional. □ SINÔNIMO: ajudante, assistente. ▌verbo **2** Ajudar alguém: *Seus irmãos o auxiliaram quando ele mais precisou.* □ **1.** No significado 1, não varia em masculino e feminino. **2.** Pronuncia-se *aussiliar.* **3.** Conjuga-se como AMAR. □ FAMÍLIA: →auxílio.
auxílio ⟨au.xí.lio⟩ substantivo masculino Aquilo que fazemos para que outra pessoa consiga algo: *Se não souber o número, peça auxílio à telefonista.* □ SINÔNIMO: ajuda. □ Pronuncia-se *aussílio.* □ FAMÍLIA: auxiliar.
avaliar ⟨a.va.li.ar⟩ verbo **1** Dar nota ou conceito aos conhecimentos ou às atividades de um aluno: *A professora nos avaliou de acordo com o comportamento, as lições e as notas de prova.* **2** Calcular o valor de algo: *O corretor de imóveis avaliou a casa em cem mil reais.* □ Conjuga-se como AMAR.
avançar ⟨a.van.car⟩ verbo **1** Ir para frente: *Ela avançou dois passos e chutou a bola.* **2** Passar para um estado melhor: *Graças a sua ajuda, a pesquisa para o meu trabalho está avançando muito.* **3** Atacar alguém: *Cuidado com esse cão; ele pode avançar em você!* **4** Colocar ou levar algo para frente: *O professor pediu para os alunos avançarem um pouco suas carteiras.* □ Conjuga-se como COMEÇAR.
ave ⟨a.ve⟩ substantivo feminino Animal que tem bico e asas, e o corpo coberto de penas: *A galinha, o sabiá e a arara são aves.*
avelã ⟨a.ve.lã⟩ substantivo feminino Fruto pequeno e redondo, com uma casca lisa, muito dura e marrom.
avenida ⟨a.ve.ni.da⟩ substantivo feminino Tipo de rua, geralmente mais larga e com muitos carros e pedestres.
avental ⟨a.ven.tal⟩ substantivo masculino Peça de tecido, plástico ou couro que usamos em cima da roupa para não sujá-la: *Meu pai usa avental para não molhar a roupa enquanto lava a louça.* □ O plural é *aventais.*

aventura ⟨a.ven.tu.ra⟩ substantivo feminino Acontecimento ou experiência pouco comuns e que costumam apresentar algum perigo ou risco: *No filme, os protagonistas viveram uma verdadeira aventura perdidos na mata.*
avermelhado, da ⟨a.ver.me.lha.do, da⟩ adjetivo De cor próxima ao vermelho: *Ficou com a pele avermelhada por causa do sol.* □ FAMÍLIA: →vermelho.
avesso, sa ⟨a.ves.so, sa⟩ ▌adjetivo **1** Que é contrário ou oposto: *Somos avessos à violência.* ▌substantivo masculino **2** O lado contrário de algo: *Vesti a camiseta do avesso.* □ Pronuncia-se *avêsso, avêssa.*
avestruz ⟨a.ves.truz⟩ substantivo masculino Ave grande, de pescoço e patas muito compridos e poucas penas pretas ou brancas: *O avestruz é a maior ave do mundo.*

AVESTRUZ

aviação ⟨a.vi.a.ção⟩ substantivo feminino Sistema de transporte feito por veículos aéreos: *O brasileiro Santos Dumont é considerado o pai da aviação.* □ O plural é *aviações.* □ FAMÍLIA: →avião.
avião ⟨a.vi.ão⟩ substantivo masculino Veículo com asas e motor, que voa: *Fomos de avião de Roraima até Brasília.* □ O plural é *aviões.* □ SINÔNIMO: aeronave. □ FAMÍLIA: aviação, hidravião, hidroavião.
avisar ⟨a.vi.sar⟩ verbo Comunicar ou informar sobre algo: *Ele ligou para avisar que chegará atrasado.* □ Conjuga-se como AMAR. □ FAMÍLIA: →aviso.

56

Dicionário didático básico. São Paulo: SM, 2008. p. 56.

a) Circule a palavra escrita em vermelho que se encontra no alto da página do dicionário.

b) Escreva a palavra que você circulou.

_____

c) Em que outro lugar da página essa palavra aparece?

☐ No começo da página.   ☐ No final da página.

d) Qual é a letra inicial das palavras de cor azul que aparecem nessa página?

_____

e) Na lateral da página, bem no alto, aparece a letra **a**. O que ela indica?

_____

2 Leia estas palavras.

A L F A B E T O

A L F A C E

a) Elas começam com as mesmas letras. Pinte as letras que se repetem no início dessas palavras.

b) As palavras **alfabeto** e **alface** estão em ordem alfabética?

☐ Sim.   ☐ Não.

3 Observe as palavras dos quadros.

AMOR   AVÔ   ADOCICADO

ABOBRINHA   AZUL

a) Circule as palavras que devem aparecer antes da página de dicionário mostrada na atividade 1.

b) Pinte as palavras que devem aparecer depois dessa página.

cinquenta e nove **59**

Antes de continuar

1 Leia os materiais necessários para montar outro dedoche.

UMA EMÍLIA NA PONTA DO DEDO

PARA MONTAR O DEDOCHE DA EMÍLIA, VOCÊ PRECISA DE:
- UM ROLINHO DE PAPEL HIGIÊNICO (A PARTE DE DENTRO, FEITA DE PAPELÃO);
- COLA;
- JORNAL;
- RETALHOS DE TECIDO;
- TINTAS COLORIDAS.

Ciência Hoje das Crianças. Disponível em: <http://chc.cienciahoje.uol.com.br>. Acesso em: 24 ago. 2011.

a) Quantas letras há no nome destes materiais?

ROLINHO	COLA	RETALHOS	JORNAL	TINTAS
_____	_____	_____	_____	_____

b) Pinte no texto as vogais que aparecem no nome dos materiais necessários para montar o dedoche da Emília.

2 Quais dos trechos abaixo podem fazer parte das instruções de montagem do dedoche da Emília?

☐ Pinte o rolinho com tinta amarela.

☐ Encape o caderno com plástico transparente.

☐ Pinte o rosto da Emília no rolinho de papel.

☐ Peça a um adulto para cortar a garrafa.

☐ Com uma tesoura sem ponta, recorte pequenos pedaços de jornal para fazer o cabelo da boneca.

☐ Encape a caixa de fósforos com o papel dourado.

3 Um aluno copiou os materiais para fazer o dedoche da Emília em uma folha de caderno. Observe.

— um rolinho de papelhigiênico;
— retalhos detecido;
— tintascoloridas.

a) Faça um traço para separar as palavras que estão juntas.

b) Reescreva essas palavras deixando um espaço em branco entre elas.

_____

_____

_____

_____

4 Leia a quadrinha abaixo.

PLANTEI UM ABACATEIRO
PARA COMER ABACATE
MAS NÃO SEI O QUE PLANTAR
PARA COMER CHOCOLATE.

Domínio público.

a) Ordene as sílabas para formar palavras da quadrinha.

| CA | BA | TE | A |

| TE | LA | CHO | CO |

| MER | CO |

b) Quais dessas palavras têm quatro sílabas?

_____

sessenta e um **61**

Fazer e aprender

O talento de cada um

No capítulo 1, você e seus colegas produziram uma receita culinária. Neste capítulo, escreveram parte das instruções de montagem de um objeto. Agora, vocês apresentarão esses textos a colegas de outra turma da escola, ensinando-os a preparar as receitas e os objetos.

Organização

Com o professor, definam o dia, o local, o horário da apresentação e a turma que será convidada.

Dia da apresentação	_____
Local da apresentação	_____
Horário da apresentação	_____
Turma convidada	_____

Reúna-se com os colegas de seu grupo. Retomem a receita e as instruções de montagem que vocês escreveram. Escolham o texto que vocês apresentarão.

☐ Salada colorida ☐ Bichinhos de cartolina

☐ Suco de limão ☐ Terrário

☐ Salada de frutas

Definam com o professor a ordem de apresentação dos grupos.

62 sessenta e dois

Preparação e divisão de tarefas

Com os colegas do seu grupo, decida quem apresentará a lista de materiais e quem explicará cada passo do modo de fazer. É importante decidir também quem trará os ingredientes para o preparo da receita ou os materiais para a montagem do objeto.

Leiam várias vezes o texto escolhido, até que todos o conheçam bem. Em seguida, preparem uma ficha com as informações que cada um deverá apresentar.

Apresentação

No dia e horário marcados, dirijam-se ao local da apresentação e recebam os convidados. Iniciem a apresentação na ordem combinada.

Dicas para a apresentação
- Fiquem de frente para os alunos que acompanharão a apresentação.
- Falem em voz alta, de modo que todos os colegas possam ouvi-los.
- Falem claramente: nem muito rápido, nem muito devagar.
- Se vocês esquecerem algo, consultem a ficha que escreveram.
- Respondam às dúvidas dos convidados.

Durante a apresentação do modo de fazer, mostrem aos convidados o que vocês estão fazendo. Quando terminarem, deixem que todos os convidados experimentem o alimento ou vejam o objeto montado.

Avaliação

Depois da apresentação, conversem com a classe e com o professor para avaliar o desempenho dos grupos a partir das questões do quadro abaixo.

Lembre-se
Usem sempre tesoura sem ponta e contem com a ajuda de uma pessoa adulta para descascar e cortar alimentos.

Hora de avaliar
- A ordem de apresentação dos grupos foi seguida?
- Os materiais necessários estavam disponíveis no momento da apresentação?
- Para cada receita ou instrução de montagem, foram apresentados os materiais e o modo de fazer?
- Os grupos responderam às dúvidas dos convidados?

Rever e aprender

1 Leia esta receita.

ESPINAGUETE

50 GRAMAS DE ESPAGUETE
1 COLHER (CHÁ) DE MANTEIGA
1 XÍCARA (CHÁ) DE FOLHAS DE ESPINAFRE
2 COLHERES (SOPA) DE RICOTA
1 TOMATE
1 PITADA DE SAL

COZINHE O ESPAGUETE EM ÁGUA E SAL POR 5 MINUTOS.
ESCORRA E MISTURE COM A MANTEIGA.
ABAFE O ESPINAFRE NA PANELA, ESCORRA E PIQUE BEM.
COLOQUE O TOMATE POR 1 MINUTO NA ÁGUA QUENTE [...].
RETIRE A PELE E AS SEMENTES.
PIQUE BEM E MISTURE COM O ESPINAFRE, O QUEIJO E O SAL.
JUNTE O ESPAGUETE E MISTURE BEM. SIRVA MORNO.

Margarete Steigleder. *Meu bebê gourmet*. São Paulo: Lupa, 2000. p. 109.

a) Pinte de azul a lista de ingredientes.

b) Pinte de vermelho a parte do texto que explica como deve ser feita a receita.

c) Que palavras indicam medidas dos ingredientes?
_____

2 Ordene as sílabas para formar palavras da receita.

GUA	Á
NE	LA	PA
NA	ES	FRE	PI
GA	MAN	TEI

64 sessenta e quatro

3 Releia as palavras da atividade 2.

a) Pinte de azul uma sílaba formada por apenas uma vogal.

b) Pinte de vermelho uma sílaba formada por uma consoante e duas vogais, em duas palavras.

4 Leia alguns materiais necessários para a montagem de uma pipa.

| CARRETEL | VARETA | BAMBU | RABIOLA | SEDA |

- Escreva essas palavras em ordem alfabética.

_____

_____

_____

5 Indique a letra que completa cada palavra.

a) **F ou V**

____arinha   ____arinha

b) **B ou P**

____ingo   ____ingo

c) **D ou T**

Bo____e   Bo____e

3 Perguntas e respostas curiosas

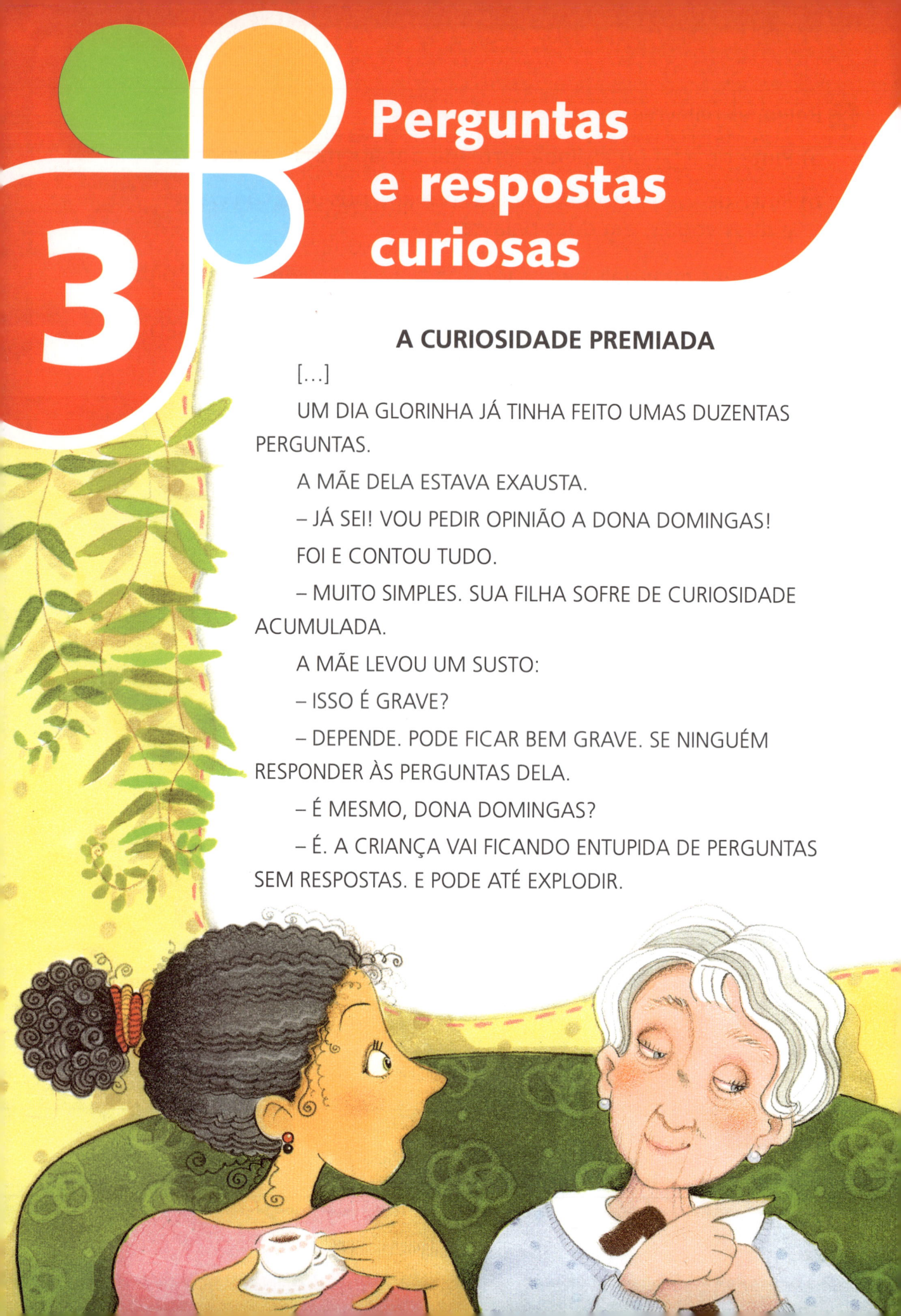

A CURIOSIDADE PREMIADA

[...]

UM DIA GLORINHA JÁ TINHA FEITO UMAS DUZENTAS PERGUNTAS.

A MÃE DELA ESTAVA EXAUSTA.

– JÁ SEI! VOU PEDIR OPINIÃO A DONA DOMINGAS!

FOI E CONTOU TUDO.

– MUITO SIMPLES. SUA FILHA SOFRE DE CURIOSIDADE ACUMULADA.

A MÃE LEVOU UM SUSTO:

– ISSO É GRAVE?

– DEPENDE. PODE FICAR BEM GRAVE. SE NINGUÉM RESPONDER ÀS PERGUNTAS DELA.

– É MESMO, DONA DOMINGAS?

– É. A CRIANÇA VAI FICANDO ENTUPIDA DE PERGUNTAS SEM RESPOSTAS. E PODE ATÉ EXPLODIR.

[...]
A MÃE FOI PARA CASA E CONTOU TUDO AO PAI.
COMEÇARAM A RESPONDER, SEMPRE A VERDADE.
GLORINHA PASSOU DIAS FAZENDO PERGUNTAS, SEM PARAR:
– ONDE O SOL ESTAVA, QUANDO ERA DE NOITE?
– DE ONDE FOI QUE EU VIM?
[...]
FORA DE CASA GLORINHA DESCOBRIU MIL OUTRAS COISAS.
O PAI DE GLORINHA DISSE PARA A MÃE:
– EU NÃO SABIA QUE VIVIA NUM MUNDO TÃO INTERESSANTE!
– EU TAMBÉM NÃO.
COMO FOI BOM TER UMA FILHA CURIOSA!
[...]

Fernanda Lopes de Almeida. *A curiosidade premiada*. São Paulo: Ática, 2008. s/p.

- Por que a mãe de Glorinha foi conversar com Dona Domingas?

- Por que Glorinha sofria de "curiosidade acumulada"?

- De acordo com Dona Domingas, o que poderia acontecer se as pessoas não respondessem às perguntas de Glorinha?

- Glorinha perguntou onde o Sol ficava durante a noite.
   a) Como você responderia a essa pergunta?
   b) Onde você procuraria informações para responder à Glorinha?

- Você é curioso ou conhece alguém tão curioso quanto a Glorinha?

Leitura 1

Os textos que você vai ler apresentam curiosidades sobre diversos assuntos da natureza e da vida humana. Eles começam com uma pergunta e, a partir dela, apresentam uma informação.

- Observe as imagens que acompanham os textos. Qual será a curiosidade apresentada em cada um?

TEXTO 1

VOCÊ SABIA QUE...

BALANÇAMOS OS BRAÇOS NATURALMENTE QUANDO ANDAMOS PORQUE ISSO FACILITA AS NOSSAS CAMINHADAS? CIENTISTAS CHEGARAM A ESSA CONCLUSÃO DEPOIS DE REALIZAR TESTES EM QUE AS PESSOAS ANDAVAM COM OS BRAÇOS SOLTOS E DEPOIS COM ELES AMARRADOS.

Revista *Recreio*, São Paulo, Abril, 27 ago. 2009, p. 5.

TEXTO 2

VOCÊ SABIA QUE...

NÃO EXISTEM DUAS ZEBRAS IGUAIS? CADA BICHO TEM UM NÚMERO DIFERENTE DE LISTRAS, COM **ESPESSURAS** VARIADAS E DESENHOS ÚNICOS.

Revista *Recreio*, São Paulo, Abril, 4 set. 2008, p. 5.

Espessura: largura.

TEXTO 3

VOCÊ SABIA QUE...

OS URSOS-POLARES DO JAPÃO ADORAM PICOLÉS DE FRUTA? ELES MORAM NO ZOOLÓGICO E, PARA ENFRENTAR O CALOR DE 32 **GRAUS CELSIUS**, SE REFRESCAM COM SORVETE.

Revista *Recreio*, São Paulo, Abril, 21 ago. 2008, p. 5.

Grau Celsius: medida de temperatura.

68 sessenta e oito

TEXTO 4

VOCÊ SABIA?

A CIDADE DE PARINTINS FICA NO CORAÇÃO DA FLORESTA AMAZÔNICA, A CERCA DE 400 KM DE MANAUS, OU 18 HORAS DE BARCO! É NESSA CIDADE PACATA DE GENTE SIMPÁTICA QUE SE DÁ, DESDE 1913, O FESTIVAL FOLCLÓRICO. A FESTA DO BOI-BUMBÁ ACONTECE NO CENTRO CULTURAL, O BUMBÓDROMO, ONDE OS BOIS-BUMBÁ CAPRICHOSO E GARANTIDO SE ENFRENTAM EMBALADOS AO SOM DAS TORCIDAS!

Coleção *Amazônia*: passatempos, curiosidades, diversão. Barueri: Girassol, s/d. v. 2.

TEXTO 5

VOCÊ SABIA QUE...

UM BANHO DE DUCHA DE DEZ MINUTOS GASTA CERCA DE 160 LITROS DE ÁGUA? FECHANDO A TORNEIRA AO SE ENSABOAR, VOCÊ ECONOMIZA CERCA DE 30 MIL LITROS POR ANO.

Revista *Recreio*, São Paulo, Abril, 12 fev. 2009, p. 5.

Esses textos foram publicados em revistas dirigidas ao público infantil. Eles foram escritos por pessoas que estudaram assuntos pesquisados por cientistas.

Estudo do texto

1 Releia o texto 1.

a) Qual é a curiosidade apresentada por esse texto?

_____

_____

b) O que você imagina que pode acontecer se as pessoas andarem sem balançar os braços?

_____

_____

2 Complete as frases com **igual** ou **diferente**.

a) Uma zebra nunca é _____ a outra.

b) O desenho das listras de duas zebras nunca é _____.

c) Cada zebra tem uma quantidade _____ de listras.

d) A largura das listras de duas zebras é sempre _____.

3 Leia novamente o texto 3 e realize as atividades a seguir.

a) Pinte o lugar onde moram os ursos-polares de que fala o texto.

b) Por que os ursos gostam de picolés de frutas?

☐ Porque os picolés são doces.

☐ Porque picolé é seu alimento natural.

☐ Porque os picolés são gelados e refrescantes.

4 Responda de acordo com as informações apresentadas no texto 4.

a) Em que cidade acontece o Festival Folclórico?

_____

b) Caprichoso e Garantido são os nomes:

☐ dos dois bois-bumbá que fazem parte do Festival Folclórico.

☐ de lugares próximos a Manaus.

c) Nesse texto aparecem vários números. O que eles indicam? Relacione cada número à informação correspondente.

400   Tempo de barco para chegar a Parintins.

1913   Distância de Parintins a Manaus.

18   Ano em que ocorreu o primeiro Festival Folclórico.

Os números nos textos

Os números que aparecem em um texto podem indicar diferentes informações, como distância, tempo, quantidade, idade, peso e altura.

5 Releia o texto 5.

"Você sabia que um banho de ducha de dez minutos gasta cerca de 160 litros de água? Fechando a torneira ao se ensaboar, você economiza cerca de 30 mil litros por ano."

a) Que dica esse texto apresenta para as pessoas economizarem água?

_____

_____

b) Pinte o número que indica a quantidade de litros de água que podem ser economizados em um ano.

A água é essencial para a vida das pessoas. Para que sempre exista água disponível para o consumo humano, é necessário usá-la com responsabilidade.

■ O que mais você pode fazer em seu dia a dia para economizar água?

setenta e um **71**

Estudo da língua

▌▌ Frase e pontuação

1 Com um colega, leia a tira.

Mauricio de Sousa. Disponível em: <http://www.monica.com.br>. Acesso em: 25 ago. 2011.

a) Quantas palavras aparecem em cada balão?

☐ "EU QUERO UM SORVETE DE CASQUINHA!"   ☐ "COM QUANTAS BOLAS?"   ☐ "TODAS!"

b) Relacione as frases a quem as disse.

"Eu quero um sorvete de casquinha!"   Resposta da Magali.

"Com quantas bolas?"   Pedido da Magali.

"Todas!"   Pergunta do sorveteiro.

A frase
Frase é a palavra ou o conjunto de palavras com sentido completo que as pessoas usam para se comunicar.

2 No texto dos balões, aparecem sinais que não são letras.

a) Circule com lápis azul esses sinais.

b) Por que esses sinais foram usados na fala das personagens?

3 Leia o trecho de uma história.

A maior boca do mundo

Laurinha era uma menina muito perguntadeira. Tudo ela queria saber.

Um dia a vovó, cansada de tanto responder às perguntas de Laurinha, chamou a menina e perguntou:

– Laurinha, quer ganhar um presente?

– Oba! Quero sim! E o que é?

– Uma caixa de chocolates recheados com creme.

"Hum!" Laurinha lambeu os beiços e já ficou com água na boca:

– E quando é que eu vou ganhar? – perguntou para a vovó. – Agora?

A vovó balançou a cabeça:

– Não. Só se você souber a resposta da seguinte pergunta: "Qual é a maior boca do mundo?"

[...]

Lúcia Pimentel Góes. *A maior boca do mundo*. São Paulo: Ática, 1999. p. 2-5.

■ Pinte os sinais que aparecem no texto, usando as cores indicadas.

.   ?   !

Sinais de pontuação

Os sinais de pontuação ajudam a entender o sentido das frases. O ponto-final (.), o ponto de interrogação (?) e o ponto de exclamação (!) são alguns sinais de pontuação utilizados na língua portuguesa.

4 Pinte a primeira letra de cada frase nesta fala de Laurinha.

"– Oba! Quero sim! E o que é?"

■ Quantas frases aparecem nessa fala de Laurinha?

_____

Uso de letra inicial maiúscula e de pontuação na frase

No texto escrito, a frase começa com letra inicial maiúscula e termina com um sinal de pontuação.

setenta e três

Atividades

1 Leia o poema e responda às questões.

Papa-formiga

– Ei, amiga,
você sabia
que existe um pássaro
chamado papa-formiga ▢
– Não diga ▢
– E adivinha por que
o papa-formiga
tem esse nome ▢
Isso mesmo ▢
Porque ele come,
e enche sua barriga,
com deliciosas formigas.

Flávio Colombini. *Poemas voadores*. São Paulo: Duna Dueto, 2008. p. 12.

a) De acordo com o poema, por que o pássaro papa-formiga tem esse nome?

_____

_____

b) Esse poema apresenta uma conversa entre duas personagens. Complete os quadrinhos do poema com os sinais de pontuação que estão faltando.

| **?** – para indicar pergunta | **!** – para indicar surpresa |

2 Leia uma informação curiosa.

Você sabia?

A vitória-régia é a planta amazônica mais conhecida no mundo! Tamanha é a sua majestade, que suas folhas aguentam o peso de uma criança.

Coleção *Amazônia*: passatempos, curiosidades, diversão. Barueri: Girassol, s/d. v. 2.

a) Circule o sinal que marca o final da primeira frase.

b) A letra que inicia a segunda frase é:

▢ maiúscula.   ▢ minúscula.

74 setenta e quatro

3 Leia um trecho do conto "A rã que queria voar".

> Uma rã vivia na beira de um lago. Curiosa por natureza, gostava de descobrir, ver, escutar. Logo as plantas, os animais, os insetos e até os peixes que encontrava ao se banhar tornaram-se familiares. Assim, ela sonhava em saber mais, conhecer o vasto mundo. O que deveria existir lá longe, do outro lado das árvores da floresta que limitavam seu horizonte?
>
> Albena Ivanovitch-Lair e Mario Urbanet. *Pequenos contos para crescer*. São Paulo: Companhia das Letrinhas, 2009. p. 20.

a) Que sinais de pontuação aparecem nesse trecho?

☐ Ponto-final.   ☐ Ponto de interrogação.

☐ Ponto de exclamação.

b) Leia a primeira frase do texto pontuada com outro sinal.

> Uma rã vivia na beira de um lago?

■ O que aconteceu com essa frase?

☐ O sentido da frase não mudou, pois as palavras são as mesmas.

☐ O sentido da frase mudou, pois ela foi transformada em uma pergunta.

4 Destaque, na página 251, os balões de fala e cole-os abaixo.

medo   alegria

setenta e cinco **75**

Leitura 2

Respostas curiosas podem ser lidas em textos elaborados a partir da pergunta "Você sabia que...?". O texto a seguir trata do trabalho de pesquisadores que identificam os animais de uma região observando pegadas.

- O que é uma pegada? Por que você imagina que as pegadas de animais são pistas importantes para os pesquisadores?

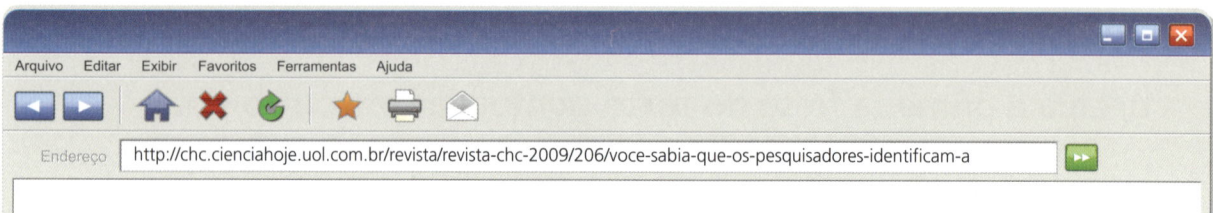

Endereço: http://chc.cienciahoje.uol.com.br/revista/revista-chc-2009/206/voce-sabia-que-os-pesquisadores-identificam-a

Você sabia que os pesquisadores identificam a fauna de determinadas áreas apenas observando pegadas?

Ver uma onça ou um lobo na natureza é raridade. Isso acontece porque esses animais geralmente realizam suas atividades à tardinha ou à noite, além de terem cores que os confundem com a vegetação. Para observar esses e outros bichos que dificilmente aparecem, os pesquisadores investigam seus rastros.

Com o objetivo de conhecer a fauna de determinadas áreas, os biólogos observam as pegadas, que são os sinais que os mamíferos deixam durante suas atividades. Em locais como estradas de terra, margens de rios ou lagos, esses rastros são mais visíveis, especialmente quando gravados em terrenos úmidos e macios, porém firmes, que mantêm seu contorno bem definido.

Biólogo: cientista que estuda os seres vivos.
Fauna: conjunto de animais.
Mamífero: animal que mama.

76 setenta e seis

Predador: animal que se alimenta de outro animal.

As pegadas lhes permitem dizer se os animais que por ali passaram pertencem a uma única espécie ou várias. Dentro da mesma espécie, é possível saber se as pegadas pertencem a animais do mesmo tamanho ou não, se são de animais que andam em bando ou não e, até, se são de uma mãe com seu filhote.

As pegadas podem indicar, também, os hábitos de vida do animal. Quer saber como? Membranas entre os dedos (os chamados pés de pato) indicam hábitos aquáticos – podem ser de lontra ou ariranha, por exemplo.

Dedos opostos, que permitem segurar em galhos, indicam que aquele animal passa pelo menos parte de sua vida sobre as árvores, como os macacos e os gambás. Pegadas leves, delicadamente impressas no solo, podem indicar hábitos de um predador discreto e silencioso, como um felino. Já os veados e cervos deixam as marcas dos seus cascos, que são como unhas modificadas.

O que você acha de atuar também como um detetive da natureza, formulando hipóteses sobre as pegadas que encontrar quando estiver passeando? Então, pés à obra – ops! – mãos à obra!

Ana Carolina de Oliveira Neves e Fabiana Mourão. *Ciência Hoje das Crianças*. Disponível em: <http://chc.cienciahoje.uol.com.br>. Acesso em: 25 ago. 2011.

Esse texto foi escrito por pesquisadoras que investigam a natureza e publicado em um *site* que apresenta informações científicas para crianças.

Estudo do texto

1 Após ler o texto, responda novamente à pergunta: Por que as pegadas de animais são pistas importantes para os pesquisadores?

☐ Porque revelam o tamanho dos animais.

☐ Porque indicam a cor da pele dos animais.

☐ Porque indicam se os animais vivem sozinhos ou em bando.

2 Releia este trecho.

> "Ver uma onça ou um lobo na natureza é **raridade**. Isso acontece porque esses animais geralmente realizam suas atividades à tardinha ou à noite, além de terem cores que os confundem com a vegetação."

Onça.

a) Observe a palavra em destaque. **Raridade** é algo que:

☐ acontece sempre.   ☐ acontece pouco.   ☐ acontece à noite.

b) Por que ver uma onça ou um lobo é uma raridade? Circule a resposta no texto.

3 Complete o trecho do texto abaixo com as palavras dos quadros.

rios	terra
macios	lagos

Em locais como estradas de _____, margens de _____ ou _____, esses rastros são mais visíveis, especialmente quando gravados em terrenos úmidos e _____, porém firmes, que mantêm seu contorno bem definido.

4 Complete as frases e descubra os hábitos e as características da lontra e do macaco. Observe as ilustrações e utilize as palavras do quadro.

| lontra | macaco |
| água | árvores |

a) A _____ é um animal que vive na _____.

b) O _____ sobe em _____.

5 Imagine que você é um detetive da natureza. Relacione o animal à pegada correspondente.

veado

lontra

macaco

Dica! Tem membrana entre os dedos.

Dica! Os dedos permitem segurar galhos.

Dica! Deixa marcas do casco.

Textos que apresentam curiosidades

Os textos que apresentam curiosidades se baseiam em pesquisas e estudos científicos. Eles geralmente começam com uma pergunta.

Filhotes, de Hannah Wilson e Nicki Palin, editora Girassol. Nesse livro, o leitor encontrará informações sobre filhotes de vários animais. Ele faz parte da coleção *Você sabia?*, que apresenta diversas curiosidades sobre dinossauros, insetos, baleias e golfinhos.

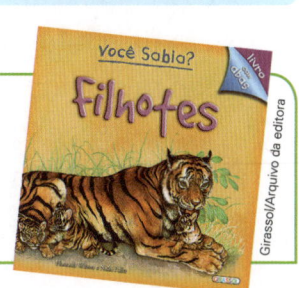

setenta e nove **79**

Produção de texto

▍Curiosidade

Em grupos, você e seus colegas escreverão um texto sobre uma curiosidade. Esse texto será guardado para fazer parte de um cartaz produzido por toda a sala em um dia marcado pelo professor.

Hora de planejar e escrever

1 Leiam os textos sobre duas curiosidades.

Texto 1

As funções das orelhas grandes dos coelhos

Uma das funções é ajudar na audição. Ao perceber um ruído estranho, eles correm para a toca e batem com a pata no chão, para alertar os outros do perigo. Além disso, as orelhas ajudam a liberar calor do corpo para o ambiente. Coelhos não transpiram para se refrescar. Quando ficam na sombra, o sangue circula pelos vasos sanguíneos das longas orelhas, que se resfriam e ajudam a esfriar todo o corpo.

Revista *Recreio*, São Paulo, Abril, 21 jan. 2010, p. 4.

Audição: ato de ouvir ou escutar.

Texto 2

A história da *pizza*

Não se sabe quem foi o primeiro a fazer *pizza*.

Os egípcios já assavam uma massa de água e farinha, há mais de 7 mil anos. Mais tarde, os gregos tiveram a ideia de cobrir fatias de pão com azeite, ervas e frutas. Mas foram os italianos [...] que, no século 18, inventaram a receita que leva queijo, ervas e tomate. E dizem que a *pizza marguerita* foi criada em homenagem à rainha Margarida, da Itália, e que os ingredientes (tomate, mussarela e manjericão) têm as cores da bandeira italiana: vermelho, branco e verde.

Revista *Recreio*, São Paulo, Abril, 21 jan. 2010, p. 5.

2 Escolham um dos seguintes temas para escrever o texto de vocês.

☐ A história da *pizza*.

☐ As funções das orelhas grandes dos coelhos.

3 Quais informações farão parte do texto que vocês escreverão? Escolham a alternativa que estará em seu texto.

> **Texto 1 – As funções das orelhas grandes dos coelhos**

☐ As orelhas grandes dos coelhos os ajudam a ouvir bem.

☐ Os coelhos não transpiram.

☐ As orelhas grandes dos coelhos os ajudam a se refrescar.

> **Texto 2 – A história da *pizza***

☐ Há 7 mil anos, os egípcios já comiam uma massa bem parecida com a da *pizza*.

☐ Os italianos inventaram a atual receita da *pizza* no século 18.

☐ A *pizza marguerita* foi criada em homenagem à rainha Margarida, da Itália.

4 O texto que vocês escreverão deve começar com uma pergunta para deixar o leitor curioso.

- Escrevam o texto da pergunta usando a informação que vocês selecionaram.

Você sabia que...

_____

_____

_____

_____

> **Lembre-se**
> Na escrita, as perguntas terminam com um ponto de interrogação (?).

5 Releiam o texto escolhido pelo grupo e pintem um trecho que poderia ser utilizado como resposta a essa pergunta.

oitenta e um **81**

6 Escrevam o texto da resposta.

_____

_____

_____

_____

_____

7 Qual será o desenho que acompanhará a curiosidade?

O desenho será _____.

8 Escrevam o texto completo neste espaço. Ele deve apresentar: a pergunta escrita na atividade 4, a resposta escrita na atividade 6 e o desenho escolhido pelo grupo na atividade 7.

Hora de avaliar

1. Troquem o texto de vocês com o de outro grupo.

2. Leiam e avaliem o texto do outro grupo, completando o quadro.

	Sim	Não
O texto começa com a pergunta "Você sabia que...?"		
O texto responde a essa pergunta, apresentando mais explicações?		
As informações fazem parte do texto escolhido?		
O desenho ajuda o leitor a identificar o assunto da curiosidade?		
Há alguma mudança a fazer?		

Hora de reescrever

1. Leiam a avaliação que os colegas fizeram do texto do seu grupo.

2. Reescrevam o texto em uma folha avulsa, fazendo as mudanças que o grupo considerar necessárias.

3. Guardem essa folha. Em um dia marcado pelo professor, vocês deverão consultá-la para produzir um cartaz que será exposto na escola.

oitenta e três 83

Estudo da escrita

O uso de r e rr

1 Leia um texto sobre jabutis e tartarugas.

Dentro de uma concha

Você pode reconhecer um jabuti ou uma tartaruga porque eles carregam suas casas nas costas – estas carapaças, chamadas de conchas, fazem parte do corpo deles.

Jabuti ou tartaruga

A principal diferença entre estes dois répteis é que o jabuti vive na terra, e a tartaruga vive na água.

Jabutis

Os jabutis andam muito devagar por causa do peso das suas conchas. Eles têm pernas curtas e robustas que sustentam o seu peso. Eles se alimentam principalmente de plantas e comem quase o dia todo.

Robusto: forte.

Tartarugas

Tartarugas vivem debaixo da água. De vez em quando, elas colocam a cabeça para fora para respirar [...].

Penelope Arlon. *Enciclopédia animal*. São Paulo: Ciranda Cultural, 2004. p. 84.

a) Pinte no texto o trecho que informa qual a principal diferença entre o jabuti e a tartaruga.

b) Os jabutis:

☐ alimentam-se de plantas e comem uma vez por dia.

☐ alimentam-se de plantas e comem quase o dia todo.

c) Como as tartarugas fazem para respirar?

_____

_____

2 Leia estas palavras em voz alta.

| RÉPTEIS | CARAPAÇAS |

- Os sons da letra **r** nessas palavras são:

  ☐ iguais.   ☐ diferentes.

3 Agora leia outro par de palavras.

| ROBUSTAS | TERRA |

- As letras destacadas representam sons:

  ☐ iguais.   ☐ diferentes.

4 Copie as palavras no quadro de acordo com o som do **r**.

| RATO   PERU   TERRENO   CARRO   RIO |
| FORA   GIRAFA   ROUPA   CORRIDA |

Som de r como em **robustas**	Som de r como em **carapaças**
_____	_____
_____	_____
_____	_____

5 Complete a frase com as palavras dos quadros.

| DUAS | UMA |

No início das palavras, como em **robusta**, utilizamos apenas

_____ vez a letra **R**. Já para escrever palavras como **terra**,

utilizamos _____ vezes a letra **R**.

> **O uso de r e rr**
> A letra **r** pode representar diferentes sons. Exemplos: **r**oda, ca**rr**o, ba**r**ata.

oitenta e cinco **85**

Atividades

1) Leia o texto e responda às questões.

> **Sono**
>
> Os animais dormem para poupar energia, descansar os músculos [...]. Alguns animais caçadores dormem bastante porque dedicam apenas umas poucas horas diárias a procurar alimento. Já os animais que são caçados passam muito mais tempo acordados e alertas.
>
> Os lobos podem dormir até 14 horas por dia, especialmente se tiverem feito uma boa refeição. Os tigres dormem até 16 horas, pois não precisam de muito tempo para caçar. As ovelhas dormem menos de quatro horas por dia. [...]
>
> *Enciclopédia visual*. São Paulo: Abril, 2008. p. 52.

a) Para que os animais precisam dormir?

_____

_____

b) Circule os nomes dos animais que dormem mais de dez horas por dia.

tigre   coelho   ovelha   lobo

c) Pinte as palavras em que a letra **r** aparece no meio de duas vogais.

| refeições | caçadores | caçar | horas |

d) Como é o som do **r** nessas palavras?

☐ Igual ao som de **r** em **girafa**.

☐ Igual ao som de **r** em **roda**.

e) Encontre no texto a palavra que começa com a letra **r**.

_____

86 oitenta e seis

2 Que nomes de animais também começam com **r**? Circule.

rato   FORMIGA   jabuti

porco   TIGRE   raposa

dinossauro   pernilongo   zebra

3 Complete o nome destes animais com **r** ou **rr**.

jaca____é   tuba____ão   cacho____o

4 Ajude a ovelha a fugir do lobo. Para isso, pinte o caminho das palavras com som de **r** como em **roupa**.

arara   praia   jacaré   garrafa   socorro   pássaro   rio   barriga   rua

- Escreva as palavras do caminho que você pintou.

_____

_____

oitenta e sete **87**

Descubra como...

Ler um sumário

Um único livro pode apresentar muitas informações. Para conseguir localizar a informação desejada, é importante ler o sumário.

1 Observe uma das páginas do sumário de um livro.

SUMÁRIO

O PODER DA SEMENTE   P. 8

ÁGUA, AR, VIDA!   P. 10

RAÍZES INTELIGENTES   P. 12

SUGADORES DE ÁGUA   P. 14

UMA PLANTA PRECISA SE ALIMENTAR!   P. 16

Nessmann Philippe. *Plantas*. São Paulo: Companhia Editora Nacional, 2006.

- O conteúdo desse livro parece trazer informações sobre:

    ☐ invenções do passado.

    ☐ elementos da natureza.

88   oitenta e oito

2 Em que ordem as informações do sumário estão organizadas?

☐ Em ordem de tamanho.

☐ Na ordem em que aparecem no livro.

☐ Em ordem alfabética.

3 Nessa página, aparecem palavras e números. Observe.

> O PODER DA SEMENTE P. 8
> ÁGUA, AR, VIDA! P. 10
> RAÍZES INTELIGENTES P. 12

a) O que as palavras do sumário indicam? Pinte a resposta correta.

> Elas indicam o nome do livro.

> Elas apresentam os nomes dos autores do livro.

> Elas indicam os assuntos que fazem parte do livro.

b) Para saber sobre o poder da semente, é preciso abrir o livro na página 8. Circule a linha do sumário que apresenta essa informação.

c) Para que servem os números do sumário?

_____

_____

4 Indique a página em que podemos encontrar as seguintes informações.

a) Raízes inteligentes: _____   b) Sugadores de água: _____

5 Numere os títulos dos capítulos na ordem em que aparecem no livro.

☐ Sugadores de água

☐ Água, ar, vida!

☐ Uma planta precisa se alimentar!

oitenta e nove **89**

Antes de continuar

1 Leia a tira.

Ziraldo. Disponível em: <http://www.meninomaluquinho.com.br>.
Acesso em: 25 ago. 2011.

a) Escreva a fala do primeiro e do último balão, trocando o sinal ★ por **?** ou **!**.

1º balão	
3º balão	

b) Quantas frases há na fala da mãe do Menino Maluquinho?

_____

c) Por que Maluquinho mandou o ursinho entrar na panela?

_____
_____

2 Localize no diagrama o nome dos objetos.

| CARRO | REDE | BARCO | VARA |

Q	W	E	R	G	K	M	C	Z	S	E	H	B	A	R	C	O	B	N	V	I
X	R	V	R	G	Y	T	Q	C	A	R	R	O	Z	C	V	R	E	H	D	B
Z	M	O	R	W	G	J	K	L	P	Q	Z	C	B	G	F	V	A	R	A	E
P	R	E	D	E	K	H	Z	B	N	J	M	E	D	R	T	Y	P	Q	L	K

■ Qual dessas palavras apresenta o som de **r** como em **curiosidade**?

_____

90 noventa

3 Leia esta curiosidade.

> **Como os passarinhos conseguem sair do ovo?**
> Eles nascem com um dentinho especial para quebrar o ovo. Feito o serviço, eles perdem esse dentinho. A operação demora dois dias.
>
> Marcelo Duarte. *O guia dos curiosos*. São Paulo: Panda Books, 2005. p. 80.

a) Circule o sinal que aparece no final do título dessa curiosidade.

b) Qual é o nome desse sinal de pontuação?

_____

c) O que esse sinal indica?

_____

4 Leia esta outra curiosidade e responda às questões.

> **Você sabia que...**
> A palma da sua mão é antiderrapante?
> A pele das mãos tem pequenos sulcos e saliências que permitem que a gente segure objetos com facilidade.
>
> Revista *Recreio*, São Paulo, Abril, 13 mar. 2008, p. 7.

a) Circule a figura que mostra uma palma da mão com **sulcos** e **saliências**.

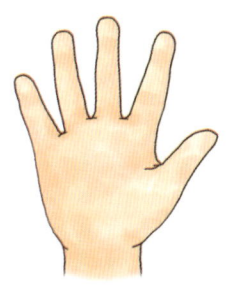

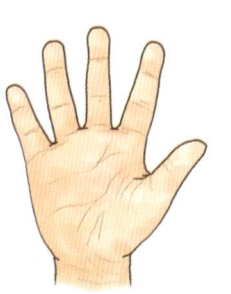

b) O que significa **antiderrapante**?

☐ Que faz os objetos escorregarem.

☐ Que não deixa os objetos escorregarem.

c) Que palavras apresentam o som de **r** como em **antiderrapante**?

☐ raio   ☐ segure   ☐ terra   ☐ arame

noventa e um **91**

4 Informação por toda parte

Peruca

Os antigos egípcios tinham alguns costumes curiosos. Seus sacerdotes acreditavam que os pelos eram impuros e os retiravam de todas as partes do corpo. Muitos egípcios comuns também raspavam os cabelos desde a infância. Ao mesmo tempo, homens e mulheres raramente eram vistos nas ruas sem uma peruca feita de cabelos naturais ou artificiais. Qual é a razão dessa atitude aparentemente ambígua? Em regiões de clima extremamente quente, quanto menos pelo tiver, mais fácil é se manter limpo. Ao mesmo tempo, cobrir a cabeça é uma proteção valiosa contra os raios solares.

As perucas apareceram pela primeira vez em relevos e pinturas de tumbas egípcias no final da III Dinastia (cerca de 2600 a.C.), mas há poucas dúvidas quanto ao fato de extensões de cabelo e perucas de verdade terem sido utilizadas muito antes. Os faraós nomeavam oficiais especiais para supervisionar os fabricantes de suas perucas.

Marcelo Duarte. *O guia dos curiosos*: invenções. São Paulo: Panda Books, 2007. p. 211.

a.C.: abreviatura de "antes de Cristo".
Ambíguo: duvidoso.
Relevo: tipo de escultura praticada sobre uma superfície.
Tumba: lugar onde se guardam os mortos.

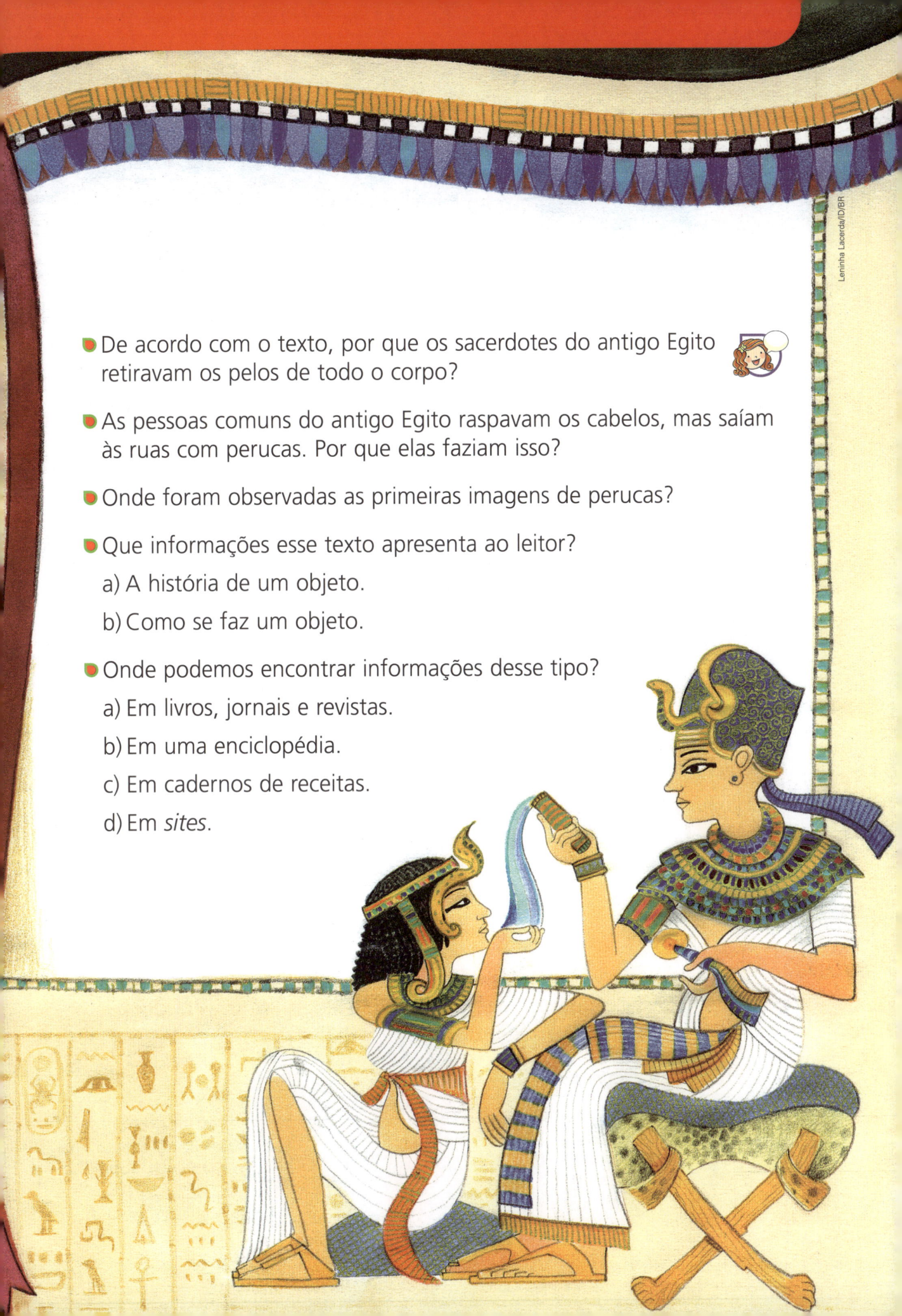

- De acordo com o texto, por que os sacerdotes do antigo Egito retiravam os pelos de todo o corpo?

- As pessoas comuns do antigo Egito raspavam os cabelos, mas saíam às ruas com perucas. Por que elas faziam isso?

- Onde foram observadas as primeiras imagens de perucas?

- Que informações esse texto apresenta ao leitor?
  a) A história de um objeto.
  b) Como se faz um objeto.

- Onde podemos encontrar informações desse tipo?
  a) Em livros, jornais e revistas.
  b) Em uma enciclopédia.
  c) Em cadernos de receitas.
  d) Em *sites*.

Leitura 1

Alguns textos apresentam ao leitor acontecimentos e invenções do passado. Nos textos a seguir, são expostas informações sobre o circo.

- Você sabe quando o circo surgiu?

Negócio da China

O circo teve vários berços. Um deles foi a China, de onde o bebê-circo saiu engatinhando e aprendeu a voar e a se equilibrar. Nasciam aí os até hoje famosos grupos de *acrobatas chineses*. Duzentos anos antes de Cristo, esses fantásticos artistas que desafiam a lei da gravidade com seus números já ensaiavam as primeiras acrobacias. Segundo lendas da época, eram números que imitavam o desenrolar de uma batalha. Depois vieram os festivais. Neles, foram surgindo novidades como o equilíbrio sobre a corda bamba ou sobre as mãos, o uso da percha, a dança da espada e os engolidores de fogo.

Foi no Império Romano que surgiu a palavra latina *circus*. Ela servia para dar nome ao local que abrigava um espetáculo não muito parecido com o dos circos de hoje. [...]

O *circus* era, geralmente, uma grande construção circular com um pátio interno (onde eram feitas as apresentações) cercado por arquibancadas.
[...]

Latino: referente ao latim, língua antiga que originou outras línguas, como o português.
Percha: vara comprida.

A invenção do circo

Se já havia saltimbancos, acrobatas, cavalos e palhaços, por que não juntá-los todos num só espetáculo? Foi essa a genial ideia que o inventor do circo moderno, o inglês Philip Astley, teve em 1770. Ele também incorporou em seus espetáculos elementos militares que passaram a fazer parte do circo: disciplina, uniformes e o repique do tambor.

Os primeiros palhaços do circo inglês, os *clowns*, fingiam ser cavaleiros desastrados, arrancando risos da plateia. Os saltimbancos também começaram a usar cavalos para fazer acrobacias cômicas.

Para essas apresentações, o circo era um ótimo lugar – bem melhor, por exemplo, do que as feiras populares, onde não havia muita segurança. Os cavalos – símbolos de nobreza, naqueles tempos – eram tão importantes que não se podia imaginar um circo sem eles. Daí vem o poético nome "Circo de Cavalinhos", que aparecia antigamente nas propagandas de circo, informando que o circo era especialista em números com cavalos.

[...]

Raimundo Carvalho e Ivan Luís B. Mota. *Circo universal*. Belo Horizonte: Dimensão, 2000. p. 11 e 14.

> **Cômico:** engraçado, divertido.
> **Repique:** toque, batida.
> **Saltimbanco:** artista que viaja e se apresenta em várias cidades.

Esses textos fazem parte do livro *Circo universal*. Nele, os autores apresentam a história do circo, curiosidades e histórias de palhaços famosos.

Estudo do texto

1 De acordo com o primeiro texto, o circo teve sua origem:

☐ somente na China.   ☐ na China e em outros lugares.

2 Complete as frases com o nome dos artistas do circo.

Engolidores de fogo.

Acrobatas.

a) Os _____ foram os primeiros artistas do circo chinês.

b) Nos festivais, surgiram novidades como a dança da espada

e os _____.

3 Qual era o significado da palavra *circus*?

_____

- Pinte as características do *circus* de antigamente.

| Construção em forma de círculo. | Cercado por cadeiras. |
| Cercado por arquibancadas. | Com pátio interno. |

4 Releia este trecho.

"O circo **teve** vários berços. Um deles **foi** a China, de onde o bebê-circo **saiu** engatinhando e **aprendeu** a voar e a se equilibrar."

a) As palavras destacadas apresentam um fato que:

☐ já aconteceu.   ☐ vai acontecer.   ☐ está acontecendo.

b) No trecho, a palavra **berços** indica os lugares onde:

☐ os bebês das famílias dos circos dormiam.

☐ o circo começou a aparecer.

5 Releia este trecho do segundo texto.

> "Foi essa a genial ideia que o inventor do circo moderno, o inglês Philip Astley, teve em **1770**."

- O número destacado indica:
  - ☐ o ano de nascimento de quem inventou o circo moderno.
  - ☐ o ano em que se teve a ideia de juntar vários artistas em um só espetáculo.

Os números em textos expositivos
Em textos expositivos sobre acontecimentos do passado, os números podem indicar a data em que o fato aconteceu.

6 Releia este outro trecho.

> "Os primeiros palhaços do circo inglês, os *clowns*, fingiam ser cavaleiros desastrados, arrancando risos da plateia."

- Um cavaleiro desastrado é uma pessoa:
  - ☐ organizada.
  - ☐ atrapalhada.

7 Os textos que você leu servem para:
- ☐ apresentar informações sobre a origem do circo.
- ☐ contar uma história inventada sobre o circo.

As informações dos textos expositivos
Nos textos expositivos, são apresentadas informações baseadas em estudos e pesquisas.

O Circo da Lua, de Eva Furnari, editora Ática.
Esse livro conta a história de um circo que não tinha palhaços e de como uma avó divertida ajuda seus netos artistas a encontrar uma solução para esse problema.

noventa e sete **97**

Estudo da língua

▌▌ Masculino e feminino

1 Leia o texto a seguir.

> **Título:** Moça bonita
> **Origem:** Porto Alegre (RS)
> **Jeito de brincar:**
> Duas crianças "trilham" (batem) a corda para uma terceira pular.
> Quem gira a corda canta os versos abaixo.
> Depois da música, as crianças continuam trilhando e contando: um, dois, três, quatro... até quem pula errar.
> O número em que ela tropeçar representa a quantidade de filhos que vai ter.
> **Letra da música:**
> "Moça bonita do laço de fita
> Com quem você pretende se casar?
> É loiro, é moreno [...]?
> Rei, capitão, soldado ou ladrão?
> Mocinha bonita do meu coração
> Quantos filhos você quer ter?"
>
> Mapa do brincar. Disponível em: <http://www1.folha.uol.com.br>.
> Acesso em: 25 ago. 2011.

a) Qual é o objetivo desse texto?

☐ Contar uma história.

☐ Ensinar uma brincadeira.

☐ Apresentar informações científicas.

b) A "letra da música" apresenta perguntas para uma menina. Pinte o sinal de pontuação que indica a presença de perguntas.

98 noventa e oito

2 Imagine que nessa letra de música fossem feitas perguntas a um menino. Como ficaria o trecho abaixo?

"Mocinha bonita do meu coração"

_____

3 Escreva as palavras do quadro nas colunas correspondentes.

| moço | morena | loiro |
| moça | loira | moreno |

Palavras que se referem a menina	Palavras que se referem a menino

- Pinte a última letra das palavras de cada coluna.

4 Relacione os pares.

professor

rei

homem

bonito

bonita

mulher

professora

rainha

Masculino e feminino

Na língua portuguesa, algumas palavras podem ser classificadas em masculino (menino, pai, cantor) e feminino (menina, mãe, cantora).

Atividades

1 Leia este trecho de um poema.

A porta
[...]
Eu abro devagarinho
Pra passar o menininho
Eu abro bem com cuidado
Pra passar o namorado
Eu abro bem prazenteira
Pra passar a cozinheira
[...]

Vinicius de Moraes. *A arca de Noé*. São Paulo: Companhia das Letrinhas, 2004. p. 22.

Prazenteiro: com alegria.

a) Para quem a porta se abre? Complete.

A porta se abre para o _____, o

_____ e a _____.

b) Qual desses nomes está no feminino? Circule-o.

c) Pinte no texto as palavras que aparecem antes do nome das personagens.

d) Troque os nomes das personagens do poema, transformando-os em feminino ou em masculino.

menininho _____

namorado _____

cozinheira _____

2 Qual é o feminino de cada uma destas palavras?

irmão _____

leitão _____

campeão _____

leão _____

anão _____

3 Leia este trecho de um livro e faça o que se pede.

> No domingo, o papai levou a Táti e o Pipo ao teatro, para assistirem a uma peça chamada *Pluft, o fantasminha*. Era sobre uma mãe-fantasma com um filho-fantasminha, que tinha medo de gente e nem acreditava que gente existia.
> [...]
>
> Tatiana Belinky. *História de fantasma*.
> São Paulo: Ática, 2008. p. 2.

a) Escreva as palavras do quadro nas colunas correspondentes.

> papai   teatro   peça   domingo   mãe

Masculino	Feminino
_____	_____
_____	_____
_____	_____

b) Complete as frases retiradas do texto com a palavra adequada.

- O papai levou _____ Táti e _____ Pipo ao teatro.
- Era sobre _____ mãe-fantasma com _____ filho-fantasminha.

4 Complete adequadamente as colunas.

Masculino	Feminino
padrinho	_____
afilhado	_____
_____	tia
cunhado	_____

Masculino	Feminino
_____	prima
_____	filha
vovô	_____
_____	madrasta

cento e um **101**

Leitura 2

Com a leitura de textos expositivos, é possível conhecer diferentes assuntos. No texto a seguir, há descobertas sobre animais que desapareceram da Terra há milhões de anos.

- Observe as ilustrações e leia o título do texto. O que você gostaria de saber sobre esses animais?

Dinossauros

Os dinossauros dominaram o mundo durante cerca de 160 milhões de anos. Alguns eram do tamanho de uma galinha, outros podem ter sido tão grandes como um avião jumbo – mas no seu todo eles foram as criaturas mais bem-sucedidas que alguma vez viveram na Terra.

[...] Os primeiros dinossauros comiam carne, enquanto os que se lhes seguiram comiam plantas. Podiam erguer-se em quatro pernas (quadrúpedes) ou em duas (bípedes), e todos eles caminhavam com os membros na vertical. [...]

Desfile de dinossauros

Quando pensamos em dinossauros, imaginamos criaturas enormes e ferozes. Mas nem todos eram assim. O modo como diferiam entre si é um dos aspectos mais impressionantes nos dinossauros. [...]

O poderoso *Brachiosaurus* pesava 80 toneladas, media 23 m e tinha a altura de um edifício de quatro andares.

Diferir: diferenciar.

102 cento e dois

O *Compsognathus* era um dos dinossauros [...] pequenos [...], pesava 3,5 kg e não era mais alto que uma galinha.

O *Diplodocus* foi o dinossauro mais comprido que se conhece (23 m). Metade do seu comprimento era constituída por uma cauda tipo chicote, com que se defendia dos predadores [...].

Os *Apatosaurus* pertenciam a um grupo de dinossauros conhecidos como saurópodes. Estes eram dinossauros herbívoros de grande porte que tinham pequenas cabeças e pescoços longos. Eram quadrúpedes, ou seja, andavam sobre os membros anteriores e posteriores. [...]

A comida dos dinossauros

Podemos saber o que comiam os dinossauros a partir da forma dos seus dentes, mandíbulas e garras. [...]

Os dentes dos dinossauros variavam conforme o tipo de alimentação de cada espécie. Os carnívoros [...] precisavam de dentes grandes e afiados, capazes de rasgar pedaços de carne. Alguns herbívoros possuíam dentes pequenos e afiados para cortar as folhas.

Guias gigantes: dinossauros. Tradução de Raul Lourenço. s/l: Könemann, 2004. s/p.

Herbívoro: animal que se alimenta de plantas.
Mandíbula: osso onde ficam os dentes inferiores.

Esse texto foi publicado em um livro com informações científicas – textos e imagens – sobre dinossauros.

Estudo do texto

1 A leitura do título do texto ajuda o leitor a:

☐ conhecer informações sobre os dinossauros.

☐ identificar o assunto do texto.

2 Releia este trecho do texto.

> "Os dinossauros dominaram o mundo durante cerca de 160 milhões de anos. Alguns eram do tamanho de uma galinha, outros podem ter sido tão grandes como um avião jumbo"

a) Circule o número que aparece nesse trecho.

b) O que ele indica?

☐ O ano em que os dinossauros apareceram na Terra.

☐ O tempo em que os dinossauros viveram na Terra.

c) Pinte as figuras que representam os diferentes tamanhos dos dinossauros, de acordo com o texto.

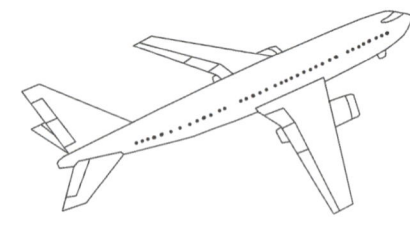

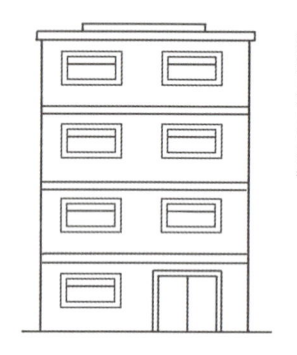

Ilustrações: Manzi/ID/BR

3 Relacione cada espécie de dinossauro à sua característica.

A	Dinossauros quadrúpedes	☐ Tinham duas pernas.
B	Dinossauros bípedes	☐ Comiam carne.
C	Dinossauros carnívoros	☐ Comiam plantas.
D	Dinossauros herbívoros	☐ Tinham quatro pernas.

4 De que os dinossauros se alimentavam?

☐ Os primeiros dinossauros comiam carne, e os que surgiram mais tarde comiam plantas.

☐ Os primeiros dinossauros comiam plantas, e os que surgiram mais tarde comiam carne.

5 Complete as frases com as palavras que aparecem no quadro abaixo.

| pescoço | comprido | altura | cabeça |

a) O *Diplodocus* foi o dinossauro mais _____ de que se tem conhecimento.

b) O poderoso *Brachiosaurus* tinha a _____ de um edifício de quatro andares.

c) Os *Apatosaurus* eram dinossauros herbívoros de grande porte que tinham _____ pequena e _____ longo.

6 Que informações sobre os dinossauros você encontrou no texto?

☐ Tamanho.
☐ Lugar onde moravam.
☐ Pegadas.
☐ Cores.
☐ Hábitos alimentares.
☐ Número de pernas.

Informação nos textos expositivos

Os textos expositivos podem conter diferentes informações sobre assuntos variados: animais, objetos, lugares, plantas, entre outros.

Respeito e cuidado com os animais

Assim como os dinossauros, cada espécie animal tem características e hábitos diferentes. Muitas pessoas têm animais domésticos. Para mantê-los saudáveis, é preciso conhecer suas características, seus hábitos e cuidar deles com muito respeito.

- Quais de vocês têm animais de estimação? Que animal é esse?
- Que cuidados é preciso ter com os animais de estimação?

cento e cinco **105**

Produção de texto

Texto expositivo

Você e seus colegas escreverão um texto expositivo sobre uma raça de cachorro. Depois, em um dia programado com o professor, farão um cartaz com informações que possam ajudar pais, alunos, professores e funcionários a escolher um cachorro de estimação, se desejarem.

Hora de planejar e escrever

1 Sobre qual raça de cachorro vocês querem escrever?

☐ Dálmata. ☐ Labrador. ☐ São-bernardo.

2 Leiam as informações sobre a raça de cachorro escolhida pelo seu grupo.

Dálmata

Características

Utilização: Companhia.

Tamanho: 46 a 61 cm para machos e 44 a 59 cm para fêmeas.

Peso: 27 a 32 quilos para machos e 24 a 29 quilos para fêmeas.

[...]

Pelagem: Os pelos são curtos, duros, densos, lisos e brilhantes. A cor básica é o branco puro. [...] As manchas [...] são redondas, bem definidas [...]. As manchas da cabeça, cauda e extremidades devem ser menores em relação às do corpo.

Longevidade: 10 a 12 anos.

Área para criação: Casas com boa área livre, sítios e fazendas.

Anuário cães 2008, São Paulo, Inovação, 2008, p. 145.

> **Longevidade:** tempo de vida.

106 cento e seis

Labrador

Características

Utilização: Cão de caça.

Tamanho: 56 a 57 cm para machos e 54 a 56 cm para fêmeas.

Peso: 25 a 34 quilos.

[...]

Pelagem: Possui pelo característico; curto, denso, sem ser ondulado e sem franjas, dando a impressão de ser bastante duro ao toque. [...] As cores [...] são inteiramente preto, amarelo ou fígado/chocolate. O amarelo vai do creme-claro ao vermelho da raposa. Pequenas manchas brancas no peito são permitidas.

Longevidade: 12 a 14 anos.

Área para criação: Grande [...].

Anuário cães 2008, São Paulo, Inovação, 2008, p. 168.

São-bernardo

Características

Utilização: Guarda, busca e salvamento e companhia.

Tamanho: 65 a 70 cm.

Peso: 80 a 90 quilos.

[...]

Pelagem: Lisa, espessa, macia e resistente. [...] A cor é branca e vermelha em várias tonalidades ou com predominância do vermelho sobre o branco. [...]

Longevidade: 11 anos.

Área para criação: Muito grande.

Anuário cães 2008, São Paulo, Inovação, 2008, p. 90.

3 Escolham três informações para apresentar em seu texto expositivo. Atenção: elas devem ajudar o leitor a escolher a raça do cachorro.

_____
_____
_____
_____

4 Observem novamente a foto do cachorro escolhido para responder às perguntas.

a) Qual é o tamanho do animal?

☐ Pequeno.   ☐ Médio.   ☐ Grande.

b) O que, na foto desse animal, chama mais a atenção?

_____

5 Escrevam abaixo a primeira versão do texto expositivo do grupo.

a) Deem um título ao texto.

b) Façam um desenho do animal.

Dica!
O título deve ajudar o leitor a identificar a raça do cachorro.

108 cento e oito

Hora de avaliar

1. Troquem o texto do seu grupo com o de outro.

2. Leiam e avaliem o texto do outro grupo e respondam às perguntas, completando o quadro.

	Sim	Não
O nome da raça do animal aparece no título do texto?		
O texto apresenta informações sobre a raça do cachorro?		
As informações apresentadas ajudam o leitor a escolher a raça do cachorro?		
Há um desenho que acompanha o texto?		
O desenho ajuda o leitor a identificar algumas características da raça do cachorro?		

3. Que mudanças podem ser feitas no texto?

_____

_____

_____

Hora de reescrever

1. Leiam a avaliação feita pelo outro grupo.

2. Releiam o texto expositivo de vocês e façam as alterações necessárias, reescrevendo-o numa folha avulsa.

cento e nove **109**

Estudo da escrita

▌▌ O uso de s e ss

1 Leia este trecho de um livro.

Super-Dino

Mamãe dinossauro já havia posto seis belos ovos redondos, verdes e lustrosos, quando encontrou um sétimo ovo sobre a geleira. Parecia uma bola de neve. Não tão redondo quanto os dela. E nem um pouco verde. Sem problema: parecia forte e saudável. E mais: completamente abandonado. Seu coração de mãe derreteu na hora. Coitadinho do bebezinho, ia nascer só, perdido na imensidão branca, sem ninguém para tomar conta dele! Nem pensar. Quem cuida de seis, cuida de sete. Mamãe dinossauro levou o ovo para sua gruta, no fundo do vale.

Lá, encontrou olhares críticos. Que ideia, recolher ovos na geleira! Aliás, aquilo nem parecia ovo. Lembrava uma pedra. Então agora mamãe dinossauro andava chocando pedras? Todo mundo morreu de rir. Mas mamãe dinossauro ouviu só seu coração, e fez muito bem.

Três luas mais tarde, antes que as cascas de seus próprios ovos se partissem, a pedra começou a **trepidar** e a dar pulinhos. Sua superfície rachou com um belo ruído. E um sétimo dinossauro pôs a cabecinha para fora da casca.

[...]

Trepidar: tremer.

Nathalie Dargent. *Histórias de dinossauros*. São Paulo: Companhia das Letrinhas, 2009. p. 20.

a) Como eram os sete ovos da mamãe dinossauro? Circule-os.

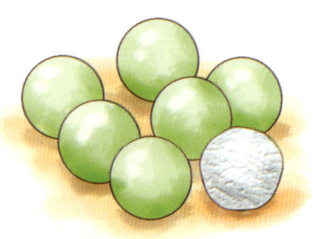

b) Ao ver o sétimo ovo, mamãe dinossauro pensou: "Sem problema". Isso porque o ovo parecia:

☐ fraco e estava abandonado.

☐ forte, saudável e estava completamente só.

2 Leia em voz alta estas palavras do texto.

| SUPER | SÉTIMO | DINOSSAURO | PARTISSEM |

a) A letra **s** tem o mesmo som em todas as palavras?

☐ Sim.   ☐ Não.

b) Quantas vezes aparece a letra **s** em cada uma dessas palavras?

_____

_____

c) Qual é a diferença no uso da letra **s** nas palavras acima?

_____

_____

3 Organize as palavras do quadro na coluna correspondente.

SEIS	PÁSSARO	SAUDÁVEL
SUPERFÍCIE	DEPRESSA	SAIU	ASSADO
SOZINHO	PASSEIO	VASSOURA

S	SS

O uso de s e ss

O som de **s** pode ser representado de diferentes maneiras: com **s** no começo das palavras, como em **s**étimo, e com **ss** entre vogais, como em dino**ss**auro.

cento e onze **111**

Atividades

1 Leia este texto.

O mundo das aves

Apenas uma pequena quantidade de animais é capaz de voar – são os insetos, morcegos e aves. [...]

Uma ave pode voar porque tem asas e seu esqueleto é muito leve – muitos dos seus ossos são ocos. [...]

A forma dos pés das aves varia de acordo com o lugar onde vivem.

Pés de águia: aves de rapina têm garras afiadas para agarrar e matar animais.

Pés para empoleirar: passarinhos têm três dedos na frente e um atrás para se empoleirar.

Pé palmado: aves aquáticas têm pés palmados para remar na água.

Pé do avestruz: dois dedos grossos ajudam esta ave, não voadora, a correr muito rápido.

Penelope Arlon. *Enciclopédia animal*. São Paulo: Ciranda Cultural, 2004. p. 50-51.

a) De acordo com o texto, por que as aves podem voar?

_____

_____

b) Escreva as palavras do texto que têm **ss**.

_____

2 Encontre, no diagrama, três nomes de animais que começam com a letra **s**.

Q	W	R	T	Y	C	S	A	P	O	Z	M	Y	P	L	R	U	H	G	F	D	L	R	P
L	M	B	C	X	S	Z	Y	E	R	P	Q	S	T	K	G	S	E	R	P	E	N	T	E
R	Y	I	P	W	A	E	Z	B	T	L	C	V	S	X	Y	X	J	H	S	P	M	J	T
P	R	S	Y	L	X	Z	B	S	H	S	A	B	I	Á	T	E	F	S	Z	M	P	Y	L

112 cento e doze

3 Observe estas figuras.

SE   SU   SSU   CO   CA

VASO   VASSOU   PA   RA

SOR   FE   VE   VI   TE

PASSA   TI   RI   NO   NHO

a) Pinte os quadrinhos que formam o nome de cada figura.

b) Quais palavras começam com a letra **s**?

_____

c) Quais palavras são escritas com **ss**?

_____

4 Forme palavras, observando as dicas.

a) SA +　　　　　　　　　　b) SOL +

_____　　_____

cento e treze **113**

Descubra como...

Escrever uma legenda

Muitos textos expositivos apresentam imagens que complementam as informações escritas. Essas imagens são acompanhadas de textos que ajudam o leitor a entender o que está sendo mostrado.

1 Leia este trecho de um texto expositivo.

Macaco amigo

O cuxiú-preto é um macaco único, gosta de comer alimentos diferentes dos outros primatas e tem uma aparência... – espia só na foto!

Como o próprio nome indica, a maior parte do seu pelo é preta. Tem um rabo comprido e peludo, que, para muitos, mais parece um espanador. Passa o dia se deslocando rapidamente pelas copas de árvores altas, em busca de comida: flores, brotos, insetos, aranhas e frutas.

Dos frutos, o cuxiú-preto gosta mesmo é das sementes quando ainda estão verdes e macias. Para conseguir abrir as frutas ainda verdes, ele usa os dentes caninos, que são grandes e inclinados para frente, e conta, também, com a ajuda dos músculos da face, que são bem fortes. Estes grandes músculos em volta da cara formam, no alto de sua cabeça, duas pontas cobertas de pelo. No queixo tem uma barba grossa – estas características estão presentes tanto nas fêmeas como nos machos. [...]

O cuxiú-preto vive em parte da Amazônia, no leste do estado do Pará e no oeste do Maranhão. A espécie está ameaçada de extinção.

Liza M. Veiga e Iran Veiga. *Ciência Hoje das Crianças*.
Disponível em: <http://chc.cienciahoje.uol.com.br>. Acesso em: 25 ago. 2011.

- Circule o texto que aparece abaixo da imagem.

2 O texto que você circulou recebe o nome de legenda.
Ela serve para:

☐ informar o nome dos autores do texto.

☐ apresentar informações centrais sobre o macaco cuxiú-preto.

☐ mostrar o título do texto.

3 Faça legendas para estas fotos.

_____
_____
_____
_____

_____
_____
_____
_____

_____
_____
_____
_____

_____
_____
_____
_____

cento e quinze **115**

Antes de continuar

1 Leia este poema.

O ninho

Veja, entre os galhos   Em cada ovo –
Da árvore, o ninho,   Fique quietinho –
E dentro dele   Está dormindo
Os três ovinhos!   Um passarinho.

Hayim Nachman Bialik. O ninho. Em: Tatiana Belinky e Mira Perlov (Trad. e adap.). *Di-versos hebraicos*. São Paulo: Scipione, 1991. p. 39.

a) Segundo o poema, onde os passarinhos estão dormindo?

_____

b) Copie do texto três palavras escritas no masculino.

_____

c) Qual é a única palavra feminina?

_____

d) Pinte a palavra do poema que apresenta **ss**.

2 Ajude a mamãe passarinho a encontrar seus ovos, pintando-os de amarelo.

Dica! Os ovos da mamãe passarinho têm palavras escritas com **ss**.

PASSEIO • ÁRVORE • OSSO • FLORESTA • OVINHO • PÁSSARO • DEPRESSA • INSETO • SEMENTE • SONO • DEVAGAR • PÊSSEGO • GALHO

116 cento e dezesseis

3 Leia o trecho de um texto expositivo.

Do lixo para a mesa

A cozinha é o laboratório da casa, o lugar onde fazemos grandes experimentos. É lá que frutas, legumes e verduras, combinados com outros ingredientes, podem virar bolos, biscoitos, sorvetes, entre outros pratos de dar água na boca. Mas aqui vai um desafio: você comeria bolo de casca de banana? Antes de torcer o nariz, saiba que cascas, talos e folhas são partes nutritivas de muitos vegetais e podem ser usadas no preparo de saborosas receitas.

[...]

[...] O aproveitamento integral dos alimentos, além de ser um hábito econômico, pode melhorar a qualidade nutricional do cardápio, reduzir o desperdício de alimentos e – oba! – tornar possível a criação de novas receitas.

[...]

Viviam Campos. *Ciência Hoje das Crianças*.
Disponível em: <http://chc.cienciahoje.uol.com.br>. Acesso em: 25 ago. 2011.

a) Por que a cozinha é o laboratório da casa?

_____

_____

b) Escolha a melhor legenda para esta imagem, considerando as informações do texto.

☐ Cascas e talos podem ser aproveitados no preparo dos alimentos.

☐ Com cascas de banana, é possível preparar um delicioso bolo.

☐ A cozinha é o laboratório da casa.

4 Circule as palavras que começam com a letra **s**.

saborosas	sorvete	SOBRAS
BISCOITOS	casa	bolos
legumes	FRUTAS	sopa

cento e dezessete **117**

Fazer e aprender

Exposição de curiosidades

No capítulo 3, você e seus colegas escreveram um texto sobre uma curiosidade. No capítulo 4, produziram um texto expositivo sobre uma raça de cachorro. Agora, vocês vão preparar cartazes com essas informações e organizar os murais da escola para que a comunidade escolar possa informar-se no dia da exposição.

Preparação dos cartazes

A exposição terá dois temas, apresentados a seguir.

> **1.** Você sabia que...?
> Cartazes com os textos produzidos no capítulo 3.

> **2.** Escolha a raça do seu cachorro
> Cartazes com os textos produzidos no capítulo 4.

Reúna-se com os colegas do seu grupo e retomem os textos que vocês escreveram nos capítulos 3 e 4.

Escrevam os textos nos cartazes: um texto em cada cartaz. Reservem também um espaço para a ilustração.

Os cartazes precisam ser lidos por todos, mesmo a certa distância. Por isso, escrevam as palavras em tamanho grande, utilizando canetinhas ou giz colorido. O título deve ter letras maiores que o restante do texto para chamar a atenção do leitor.

Escrevam no cartaz o nome de todos os alunos do grupo, o ano, a turma e o nome do professor. Por último, façam o desenho no local escolhido.

118 cento e dezoito

Organização da exposição

Conversem com o professor para definir o dia e o local da exposição. Será necessário avisar os pais, professores, alunos e funcionários da escola. Dividam as tarefas entre os alunos da turma.

> **Tarefas**
> - Avisar o público.
> - Escrever convites.
> - Escrever cartazes com os títulos de cada tema.
> - Fixar os cartazes.
> - Receber os convidados e explicar a eles o trabalho.
> - Responder às questões dos visitantes.

No dia da exposição, fiquem próximos aos cartazes que apresentam os textos do seu grupo.

Quando os visitantes chegarem, expliquem a eles o trabalho do grupo. É possível que surjam dúvidas sobre as informações apresentadas. Nesse caso, respondam às perguntas dos visitantes.

Avaliação

Depois da exposição, avaliem o trabalho.

Hora de avaliar

- Os textos ficaram expostos em um local apropriado para a leitura?
- Os cartazes podiam ser lidos a certa distância?
- O grupo respondeu às questões dos visitantes?
- O que poderia ser melhorado em uma próxima exposição?

cento e dezenove **119**

Rever e aprender

1 Leia o trecho de um texto sobre o palhaço.

O palhaço, um dos personagens principais do circo, basicamente, é todo artista circense que pinta o rosto. O palhaço tradicional usa vestimenta de lantejoula e é acompanhado de um parceiro, o cômico de dupla, ao qual sempre ludibria em cena. Pode usar também roupas largas e coloridas, sapatos grandes, careca com algum cabelo lateral de pano, grandes sobrancelhas pretas, boca enorme e pintada, além do rosto em cores vivas. [...]

Raimundo Carvalho e Ivan Luís B. Mota. *Circo universal*.
Belo Horizonte: Dimensão, 2000. p. 44.

Ludibriar: enganar.

a) De acordo com o texto, quais são as características do palhaço?
- ☐ Pinta o rosto.
- ☐ Usa peruca colorida.
- ☐ Usa roupas apertadas.
- ☐ Usa roupas largas.
- ☐ Tem a boca pintada.
- ☐ Apresenta-se com animais.

b) Qual destes sinais de pontuação aparece no texto?
- ☐ ?
- ☐ !
- ☐ .

c) O sinal de pontuação utilizado pelo autor indica que ele está:
- ☐ afirmando algo.
- ☐ perguntando algo.

d) Circule no texto as palavras iniciadas por letras maiúsculas.

e) Por que elas foram escritas dessa maneira?

_____

_____

2 Circule de azul as palavras masculinas e de verde as femininas.

| PALHAÇO | ROUPA | rosto | CABELO |
| sobrancelhas | espantalhos | | BOCA |

3 Leia o trecho de um texto expositivo.

> **A loucura da rosa**
>
> Há flores vermelhas, amarelas, brancas... Mas já imaginou uma que muda de cor? Pois a rosa-louca amanhece branca e, à noite, está rosa! [...]
>
> A rosa-louca nasce em um arbusto, típico da China [...]. "Quando a rosa-louca muda de cor, ela apenas sinaliza que tem néctar a oferecer", explica a bióloga Marinês Eiterer. O néctar é um líquido que se acumula na flor e contém, entre outros elementos, açúcar. Ele serve de alimento para bichos como abelhas, borboletas e beija-flores [...].
>
> Marcella Huche. *Ciência Hoje das Crianças*. Disponível em: <http://chc.cienciahoje.uol.com.br>. Acesso em: 25 ago. 2011.

a) Para que a rosa-louca muda de cor?

_____

_____

b) Qual pode ser a legenda da imagem que acompanha o texto?

☐ O néctar serve de alimento para abelhas, borboletas e beija-flores.

☐ A rosa-louca amanhece branca e, à noite, está rosa.

c) Copie do texto duas palavras iniciadas com a letra **s**.

_____

d) Copie do texto uma palavra em que o **r** represente o mesmo som que em **girafa**.

_____

cento e vinte e um **121**

5 Palavras para encantar e rimar

A menina que brincava com as palavras

Ana era uma menina que inventava de brincar com as palavras.

Para ela as palavras tinham cor e tinham tato como se fossem a pele de uma zebra.

As palavras tinham gosto e tinham cheiro como se fossem o gomo e a casca de uma tangerina.

Essa brincadeira a menina fazia desde bem pequenina. [...]

Do tempo em que sua avó contava histórias. Do tempo em que Ana nem sequer sabia ler as palavras escritas.

Lia as nuvens, as estrelas, os bichos, as pessoas, as ruas e tudo o que era de figura. Os nomes das coisas só tinham som e voz no seu ouvido. Mas, na sua cabeça, as palavras soltas desenhavam rabiscos e asas no ar.

Quando as palavras soavam, Ana pegava algumas e inventava um brinquedo. Depois que aprendeu a ler, Ana pegou uma mania de colecionar letras e palavras soltas.

[...] Ana descobriu que mundos diversos saíam das palavras.

A menina descobriu também que das palavras nascem as histórias. Descobriu que do sentimento das palavras nascem a alegria e a tristeza. Descobriu que dos gestos das palavras nasce a guerra ou a paz no mundo.

Ana adorava montar e desmontar seus brinquedos. Com as palavras não era diferente. No almoço, formava palavras com letrinhas de macarrão e imaginava-se comendo poesia. [...]

Fabiano dos Santos. *A menina que brincava com as palavras*. São Paulo: Cortez, 2006. s/p.

- Para Ana, as palavras tinham gosto e cheiro como:
    a) a pele de uma zebra.
    b) o gomo e a casca de uma tangerina.

- Ana brincava com as palavras:
    a) desde que era pequena, antes de aprender a ler.
    b) desde que aprendeu a ler.

- O que Ana fazia com as palavras que ouvia?

- Quando Ana começou a colecionar letras e palavras soltas?

- Ana descobriu que, das palavras, nascem as histórias. Essa descoberta é verdadeira? Por quê?

- Que texto ela parecia produzir ao formar palavras com letrinhas de macarrão?
    a) Poema.
    b) Bilhete.
    c) Receita.

Leitura 1

Poemas são textos que "brincam" com os sons e os sentidos das palavras. Essa "brincadeira" diverte e envolve os leitores.

- O texto a seguir é um poema. Observe as ilustrações. O que será tratado em um poema que tem como título "Sono pesado"?

Sono pesado

Toca o despertador
e meu pai vem me chamar:
– Levanta, filho, levanta,
tá na hora de acordar.

Uma coisa, no entanto,
impede que eu me levante:
sentado nas minhas costas,
há um enorme elefante.

Ele tem essa mania,
todo dia vem aqui.
Senta em cima de mim,
e começa a ler gibi.

O sono, que estava bom,
fica ainda mais pesado.
Como eu posso levantar
com o bichão aí sentado?

124 cento e vinte e quatro

O meu pai não vê o bicho,
deve estar ruim da vista.
Podia me deixar dormindo,
enquanto ia ao oculista...

– Espera um pouco, papai...
Não precisa ser agora.
Daqui a cinco minutos
o elefante vai embora!

Mas meu pai insiste tanto,
que eu levanto carrancudo.
Vou pra escola, que remédio,
com o bicho nas costas e tudo!

Cláudio Thebas. *Amigos do peito*. Belo Horizonte: Formato, 1996. p. 6-7.

Esse texto faz parte do livro *Amigos do peito*, de Cláudio Thebas, escritor, músico e palhaço. A obra vem com um CD e apresenta poemas sobre um dia inteiro na vida de um menino.

cento e vinte e cinco **125**

Estudo do texto

1 Nesse poema, há um menino que:

☐ não consegue acordar.   ☐ não gosta de dormir.

2 No poema, o menino diz que todos os dias, na hora de levantar, um enorme elefante fica sentado em suas costas. O que isso quer dizer?

☐ Que na hora de levantar o menino está sem sono e quer sair logo da cama.

☐ Que de manhã o menino está sempre com muito sono, por isso tem dificuldade de sair da cama.

☐ Que o menino vai ao zoológico ver um elefante.

3 O que o elefante faz enquanto fica sentado nas costas do menino?

_____

4 O pai do menino não consegue ver o bicho.

a) O menino afirma que isso acontece porque:

☐ o pai dele pode não estar enxergando direito.

☐ o elefante está na imaginação do menino.

☐ o elefante é muito pequeno.

b) Qual o verdadeiro motivo de o pai não ver o elefante?

_____

_____

5 Como o menino se sentia quando ia para a escola?

_____

6 O que é ter um "sono pesado"?

_____

126 cento e vinte e seis

7 Releia em voz alta dois trechos do poema.

> "Toca o despertador
> e meu pai vem me chamar:
> – Levanta, filho, levanta,
> tá na hora de acordar."

> "Uma coisa, no entanto,
> impede que eu me levante:
> sentado nas minhas costas,
> há um enorme elefante."

- Circule, em cada trecho, as palavras que rimam.

8 Escreva no lugar indicado as palavras do poema que rimam com as presentes no quadro abaixo.

fora	cansado
_____	_____

As rimas nos poemas

Os poemas podem apresentar rimas. Quando lidas em voz alta, as rimas dão ritmo ao poema.

9 Observe estas imagens.

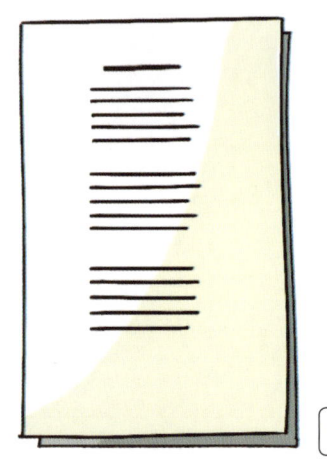

- Qual imagem representa a forma de distribuição das palavras em um poema? Assinale com **X** a opção correta.

O livro das tatianices, de Tatiana Belinky, editora Salamandra.
Nesse livro, Tatiana Belinky apresenta poemas cheios de humor e diversão.

cento e vinte e sete **127**

Estudo da língua

■ Singular e plural

1 Leia este texto.

> **A torta**
>
> Meu irmão Luís, minha avó e eu resolvemos fazer uma torta.
>
> A vovó coloca avental e bate palmas:
>
> – Atenção, crianças! Vamos começar?
>
> – Quando papai e mamãe voltarem, terão uma surpresa – disse Luís.
>
> – Vítor... – diz a vovó para mim. – Você precisa quebrar os ovos e separar as claras das gemas!
>
> [...]
>
> – Luís, misture a farinha com o açúcar! – diz a vovó de costas para nós, enquanto descasca umas maçãs.
>
> [...]
>
> *Contos de 1 minuto*. Barueri: Girassol, 2004. p. 8.

a) Quantas crianças aparecem no texto?

_____

b) O que as crianças e a avó resolveram fazer?

_____

2 Observe as frases dos quadros e complete.

| 1 | – Atenção, **crianças**! Vamos começar? |

| 2 | – Atenção, **criança**! Vamos começar? |

a) Para convidar um neto para fazer a torta, a vovó usaria a frase ____.

b) Para chamar dois ou mais netos, ela usaria a frase ____.

Singular e plural

Na língua portuguesa, as palavras podem indicar um ou mais seres.
As palavras que indicam apenas um ser ficam no singular.
Exemplos: dia, moço, casa, o, uma, ele.
As palavras que indicam dois ou mais seres ficam no plural.
Exemplos: dias, moços, casas, os, umas, eles.

3 Destaque as imagens da página 251 e cole-as nos espaços corretos.

torta	tortas
ovo	ovos
maçã	maçãs

4 Na atividade anterior, as palavras que indicam um alimento:

☐ terminam com a letra **s**.   ☐ não terminam com a letra **s**.

- As palavras que indicam mais de um alimento:

    ☐ terminam com a letra **s**.   ☐ não terminam com a letra **s**.

O plural das palavras

Na língua portuguesa, geralmente o plural é formado acrescentando-se um **s** no final das palavras. Exemplos: banana, banana**s**; torta, torta**s**.

cento e vinte e nove **129**

Atividades

1 Leia este trecho de uma história.

> Há muito tempo em um lugar distante, um rei e uma rainha viviam com seus 3 filhos. [...]
>
> O rei e a rainha tinham 1 mordomo, 2 serviçais, 3 empregadas domésticas, 4 cavalos, 5 moços de guarda, 6 cachorros, 7 jardineiros, 8 limpadores de chaminé, 9 cozinheiros e 10 soldados.
> [...]
>
> Brenda Williams. *A princesa real*: um conto matemágico. São Paulo: Ciranda Cultural, 2009. s/p.

a) Circule, no texto, as profissões das pessoas que trabalhavam para o rei e a rainha.

b) Qual profissão tinha o maior número de pessoas?

☐ Soldado.   ☐ Jardineiro.   ☐ Serviçal.

c) Circule, no primeiro parágrafo, as palavras escritas no plural.

d) Por que essas palavras foram escritas no plural?

_____

2 Escreva as palavras no singular ou no plural.

mordomo  _____   cavalos _____

empregadas  _____   rainha _____

130 cento e trinta

3 Leia este trecho.

Contam que antigamente, no tempo em que boneca tinha piolho, viviam num reino distante um rei e seus três filhos.

Um dia, os rapazes já adultos, o rei chamou-os e disse:

– Meus filhos, como príncipes que são, vocês têm o dever de se casar e constituir família, para continuar nossa linhagem. É, pois, chegada a hora de partirem à procura de suas esposas. [...]

Terminados os preparativos para a viagem, partiram os três príncipes por caminhos diferentes, em busca daquelas com quem se casariam.

[...]

Sonia Junqueira. *Princesa dona Sapa*. São Paulo: Atual, 1998. p. 5.

Linhagem: família.

- Pinte a palavra que completa cada frase.

a) O ★ queria aumentar a família. | rei | reis |

b) Os ★ viajaram para encontrar suas esposas. | príncipe | príncipes |

c) Cada príncipe seguiu por um ★. | caminho | caminhos |

4 Complete a cruzadinha com algumas palavras do texto.

cento e trinta e um **131**

Leitura 2

Nos poemas, é possível abordar diferentes assuntos, como fatos do dia a dia, acontecimentos do passado e sentimentos. Também se pode falar de pessoas queridas, de lugares diferentes, de animais, etc.

- Leia o título deste poema. Qual assunto poderá ser tratado no texto?

Essa não!

Uma pulga na balança
Deu um pulo e foi à França,
Mas morreu do coração –
Essa não!

Um dentista maluquete,
Ao mascar o seu chiclete
Engoliu a obturação –
Essa não!

[...]

O hipopótamo pateta
Devorou uma maleta
Recheada de sabão –
Essa não!

Um peludo orangotango
Convidou pra dançar tango
A mulher do mico-leão –
Essa não!

132 cento e trinta e dois

Um nervoso crocodilo,
Ao atravessar o Nilo,
Engasgou com um salmão –
Essa não!

Numa festa de arromba,
Tropeçou na própria tromba,
Um elefante trapalhão –
Essa não!

Uma pipa muito prosa,
Em manobra perigosa,
Derrubou um avião –
Essa não!

No telhado, um golfinho
Quis subir devagarinho
Mas subiu como um rojão –
Essa não!

[...]

Já cansei, minha patota,
De contar tanta lorota –
E agora chego ao fim.
Essa sim!

Tatiana Belinky. *Um caldeirão de poemas 2*. São Paulo: Companhia das Letrinhas, 2007. p. 48-50.

Lorota: mentira.
Patota: turma.

Tatiana Belinky, autora desse poema, é uma importante escritora de livros para crianças. Ela nasceu na Rússia e veio com sua família morar no Brasil quando tinha dez anos. Ao longo de sua vida, publicou mais de cem livros.

Estudo do texto

1 Nesse poema, são apresentadas situações:

☐ comuns, que sempre acontecem com bichos e pessoas.

☐ inesperadas, inventadas para divertir.

2 Relacione as informações às imagens correspondentes.

"Numa festa de arromba,
Tropeçou na própria tromba"

"Ao mascar o seu chiclete
Engoliu a obturação"

"Ao atravessar o Nilo,
Engasgou com um salmão"

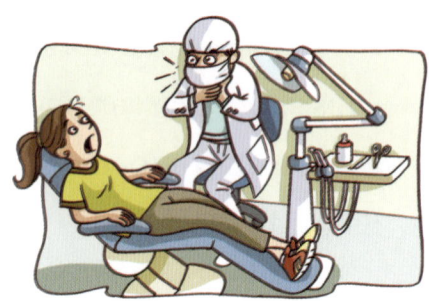

3 Complete as frases com as palavras que rimam nestes trechos.

a) "Uma pulga na balança
Deu um pulo e foi à França,
Mas morreu do coração –
Essa não!"

Balança rima com _____.

_____ rima com **não**.

b) "Uma pipa muito prosa,
Em manobra perigosa,
Derrubou um avião –
Essa não!"

Prosa rima com _____.

_____ rima com _____.

4 Releia este outro trecho do poema.

"No telhado, um golfinho
Quis subir devagarinho
Mas subiu como um rojão –
Essa não!"

a) Que palavras rimam nesse trecho?
_____

b) Quantas linhas há no trecho?
_____

c) As linhas do poema "Essa não!":

☐ ocupam todo o espaço da página.

☐ não ocupam todo o espaço da página.

Versos e estrofes

Os poemas são organizados em versos e estrofes. Verso é cada linha do poema, e estrofes são grupos de versos.

5 O poema "Essa não!" é formado por várias estrofes.

a) Quantas estrofes há no trecho do poema que você leu?
_____

b) Todas elas apresentam o mesmo número de versos? Quantos?
_____

Brincadeiras de dentro e fora da escola

As brincadeiras fazem parte do dia a dia das crianças. Brincando, aprende-se a respeitar os amigos, a ajudá-los, além de ser uma ótima oportunidade de viver momentos de muita diversão e alegria.

- Na escola, o que você já aprendeu brincando?
- E fora dela, quais são suas brincadeiras favoritas?

Produção de texto

▍Poema

Em grupos, você e seus colegas vão reescrever um trecho de um poema. Os textos farão parte de um livro que será organizado no final do capítulo 6.

Hora de planejar e escrever

1 Leiam este poema.

Minha bicicleta

Com minha bíci
Eu roubo a lua
Pra enfeitar
A minha rua

Com minha bíci
Dou nó no vento
E até fantasma
Eu espavento

Com minha bíci
Jogo o anzol
No horizonte
E pesco o sol

[...]

Com minha bíci
Eu vou a fundo
Pelas estradas
Do fim do mundo
Com minha bíci...

Sérgio Capparelli. *Tigres no quintal*. São Paulo: Global, 2008. p. 19.

Espaventar: assustar.

- Circulem no poema as palavras que rimam.

136 cento e trinta e seis

2 Escolham um brinquedo para ser o tema do poema de vocês.

☐ bola ☐ boneca ☐ pipa

3 Substituam o seguinte trecho do poema, escrevendo, no primeiro verso, o nome do brinquedo que vocês escolheram.

> Com minha _____
> Eu roubo a lua
> Pra enfeitar
> A minha rua

4 Sigam as orientações e modifiquem outro trecho do poema.

a) Completem o primeiro verso com o nome do brinquedo escolhido.

b) Pintem uma palavra para completar os outros versos.

Com minha _____

Dou nó no [momento] [pensamento]

E até fantasma

Eu [aguento] [movimento]

5 Transformem os versos deste outro trecho.

> Atenção: escolham palavras que formem rimas para completar o segundo e o quarto versos.

> Com minha _____
> Jogo _____
> No horizonte
> E pesco _____

6 Qual será o título desse poema?

_____

cento e trinta e sete **137**

7 Registrem, no espaço abaixo, o poema que vocês escreveram. Não se esqueçam de dar um título a ele e de ilustrá-lo.

Hora de avaliar

1. Troquem o poema de vocês com o de outro grupo.

2. Avaliem a produção do outro grupo, respondendo às perguntas do quadro.

	Sim	Não
O nome do brinquedo escolhido foi escrito no primeiro verso de cada trecho?		
Foram escolhidas palavras para completar os outros versos?		
Essas palavras rimam?		
Foi dado título ao poema?		
O poema foi ilustrado?		

3. É preciso fazer alguma mudança no texto? Se for preciso, qual é?

_____

_____

Hora de reescrever

1. Leiam a avaliação feita pelo outro grupo.

2. Releiam o poema de vocês e verifiquem se há necessidade de fazer alterações.

3. Passem o texto e o desenho a limpo em uma folha avulsa.

4. Escrevam o nome dos integrantes do seu grupo nessa folha.

cento e trinta e nove **139**

Estudo da escrita

▋▋ O uso de c e ç

1 Leia.

> A traça adora livros, revistas e jornais.
> Devora todos que encontrar.
> Também gosta de roupas, cortinas
> e tapetes. A traça traça tudo.
> Não sei nada sobre traças crianças.
> Mas conheço umas crianças traças,
> que comem tudo o que puderem.
> E tem até as que adoram livros
> e revistas.
>
> Arthur Nestrovski. *Bichos que existem e bichos que não existem.*
> São Paulo: Cosac Naify, 2002. s/p.

a) A traça é um inseto que gosta de comer:

☐ doces.　　☐ frutas e verduras.　　☐ papel e tecido.

b) Complete as frases com as expressões dos quadros.

| Traças crianças | Crianças traças |

_____ são filhotes de traça.

_____ são meninos e meninas que comem de tudo o que puderem.

2 Leia em voz alta estas palavras do texto.

| TRAÇA | CRIANÇAS | CONHEÇO |

- A letra destacada nessas palavras representa:

☐ o som de **c** em **c**asa.　　☐ o som de **s** em **s**apato.

140 cento e quarenta

3 Agora, leia em voz alta este par de palavras.

MARCO   MARÇO

a) O som dessas palavras é:

☐ igual.   ☐ diferente.

b) O significado dessas palavras é:

☐ igual.   ☐ diferente.

c) Complete as frases com uma das palavras do quadro.

O melhor amigo de Lia chama-se _____.

Lia faz aniversário no mês de _____.

4 Observe as palavras do quadro.

| casa | poço | celeiro | açúcar |
| cinema | praça | comida | óculos |

a) Circule as palavras que têm **ç**.

b) As letras que aparecem após **ç** são:

☐ A   ☐ E   ☐ I   ☐ O   ☐ U

c) Pinte as palavras em que o **c** representa o som de **s** como em **selo** e **sítio**.

> **A letra ç**
> O **ç** forma sílabas com as vogais **a**, **o**, **u**. Exemplos: caçarola, açougue, açude.

Atividades

1 Leia este texto.

> **Macacote e Porco Pança**
>
> Macacote e Porco Pança moram lá no meio da floresta.
>
> São muito amigos, embora sejam muito diferentes.
>
> Macacote leu tantos livros de aventuras que tem mania de ser herói. Ele se mete em tudo quanto é briga, mas acaba sempre apanhando.
>
> Porco Pança tem outras preocupações.
>
> Apesar dessa diferença, nossos amigos estão sempre juntos. [...]
>
> Ruth Rocha. *Macacote e Porco Pança*. São Paulo: Salamandra, 2009. p. 5-7.

a) Onde moram Macacote e Porco Pança?

_____

b) Marque a afirmativa verdadeira de acordo com o texto.

☐ Macacote e Porco Pança são amigos, pois são muito parecidos.

☐ Macacote e Porco Pança são diferentes, mas são muito amigos.

c) Circule as palavras do texto escritas com **c**.

d) Encontre as palavras do texto e preencha o quadro.

Duas palavras com **ç**	_____
Uma palavra com **c** e **ç**	_____

2 Circule o nome correto de cada figura.

faca   faça   louca   louça   tranca   trança

142 cento e quarenta e dois

3 Encontre o nome de cinco animais no diagrama.

Z	M	C	F	U	W	P	Z	S	A	F	T	O	N	Ç	A
X	C	C	A	N	G	U	R	U	Z	P	N	Ç	Q	R	F
M	C	V	E	P	X	Z	L	K	C	O	E	L	H	O	C
C	A	M	E	L	O	U	R	P	F	G	J	Q	A	D	Z
Q	U	L	B	H	R	Z	K	C	E	G	O	N	H	A	Ç
X	V	H	A	M	A	Y	A	Z	E	B	A	E	L	I	C

- Escreva as palavras que você encontrou.

_____

_____

4 Ligue as palavras com **ç** para levar a menina a seu cachorro.

Descubra como...

Ler um poema em voz alta

Com a leitura oral de poemas, é possível perceber a combinação de sons e ritmos que ajudam o leitor a construir os sentidos do texto.

1 Leia este poema.

O relógio

Passa, tempo, tic-tac
Tic-tac, passa, hora
Chega logo, tic-tac
Tic-tac, e vai-te embora
Passa, tempo
Bem depressa
Não atrasa
Não demora
Que já estou
Muito cansado
Já perdi
Toda a alegria
De fazer
Meu tic-tac
Dia e noite
Noite e dia
Tic-tac
Tic-tac
Tic-tac...

Vinicius de Moraes. *A arca de Noé*. São Paulo: Companhia das Letrinhas, 2004. p. 20.

- Quem está muito cansado?

  ☐ O tempo. ☐ O relógio.
  ☐ A hora.   ☐ O dono do relógio.

2 A expressão **tic-tac** aparece em vários versos do poema.

- O que essa expressão representa?

_____

3 Encontre as rimas do poema.

a) Escreva as palavras que rimam com **agora**.

_____

b) Anote as palavras que rimam com **tia**.

_____

4 Como é o som de um relógio?

☐ Sempre igual, no mesmo ritmo.

☐ Variado, às vezes mais rápido, às vezes mais devagar.

5 Com um colega, preparem-se para ler o poema em voz alta.

a) Releiam o poema silenciosamente.

b) Depois, façam uma leitura em voz alta, seguindo o ritmo de um relógio.

6 Completem as dicas para fazer a leitura oral de um poema.

| conhecer | forte | ouvidos | palavras |

a) Leia o poema com voz _____, para que todos os versos possam ser _____.

b) Ensaiem antes, para _____ bem todas as _____ do poema.

cento e quarenta e cinco **145**

Antes de continuar

1 Leia um trecho de um poema.

O gato curioso

Era uma vez era uma vez
um gato siamês.

Por ser muito engraçadinho,
é chamado de Gatinho.

Além de ser carinhoso,
ele é muito curioso.

Nada se pode fazer
que ele não deseje ver.

Se alguém mexe na estante,
está lá no mesmo instante.

Se vão consertar a pia,
está ele lá de vigia.
[...]

Ferreira Gullar. *Um gato chamado Gatinho*. Rio de Janeiro: Salamandra, 2000. p. 9.

a) Por que o gato mencionado no poema é chamado de Gatinho?
_____

b) Por que o título do poema é "O gato curioso"?
_____
_____

c) Quantas estrofes há nesse trecho do poema?
_____

2 Complete as frases com palavras do poema.

a) _____ é uma palavra com 12 letras e **ç**.

b) _____, _____ e _____
começam com a letra **c**.

146 cento e quarenta e seis

3 Releia duas estrofes do poema.

Estrofe 1	Estrofe 2
"Era uma vez era uma vez um gato siamês."	"Se alguém mexe na estante, está lá no mesmo instante."

a) Circule as palavras que rimam em cada estrofe.

b) Na rima da estrofe 1:

☐ o som e as letras são iguais.　　☐ somente o som é igual.

c) Na rima da estrofe 2:

☐ o som e as letras são iguais.　　☐ somente o som é igual.

4 Circule a palavra correspondente a cada imagem.

gato　gatos

bola　bolas

calça　calças

5 Forme palavras com **c** ou **ç**.

CE + 🌑

🌞 + UÇO

🏠 + CO

👖 + DA

cento e quarenta e sete **147**

6 Sustos e suspense no ar

A Cuca te pega

Cuidado com a Cuca
Que a Cuca te pega
E pega daqui
E pega de lá

Matreiro: esperto, sabido.

A Cuca é malvada
E se fica irritada
A Cuca é zangada
Cuidado com ela

A Cuca é matreira
E se fica zangada
A Cuca é danada
Cuidado com ela

Cuidado com a Cuca
Que a Cuca te pega
E pega daqui
E pega de lá

A Cuca é malvada
E se fica irritada
A Cuca é zangada
Cuidado com ela

Cuidado com a Cuca
Que a Cuca te pega
A Cuca é danada
Ela vai te pegar.

Dori Caymmi e Geraldo Casé. A Cuca te pega. Intérprete: Cássia Eller. Em: *Sítio do Picapau Amarelo*. Som Livre, 2001.

- Observe a imagem da Cuca. Com que animal ela se parece?

- Quais são as características da Cuca apresentadas no texto?

    a) malvada
    b) boa
    c) amiga
    d) danada
    e) zangada
    f) carinhosa

- Você conhece histórias de assustar? Quais?

- Como costumam ser as personagens assustadoras dessas histórias?

- Nas histórias de assustar, como são os lugares onde as personagens assustadoras costumam aparecer?

    a) Escuros e abandonados.
    b) Claros e cheios de pessoas.

Leitura 1

As histórias de assustar podem provocar clima de suspense, mistério e uma pontinha de medo no leitor. Lugares abandonados, personagens misteriosas e sons estranhos costumam fazer parte dessas histórias.

> Leia o título deste conto. Por que será que ele foi escrito em forma de pergunta?

Caio?

Em Bom Despacho tinha uma fazenda à venda, mas ninguém queria comprar: era mal-assombrada.

Quando o preço chegou lá embaixo, veio de Luzes um comprador para fechar o negócio.

O caseiro aconselhou o homem a passar a noite na fazenda e deixar a decisão para o dia seguinte.

E o homem ficou para dormir.

De madrugada, acordou com uma voz cavernosa:

– Caio? Caaaaaaio? – a voz repetia.

Acontece que o homem se chamava Caio. Ele estranhou muito e foi com custo que gaguejou:

– A-a-a-qui.

E na mesma hora um osso de perna caiu em cima dele.

O homem gelou. Mas não adiantava correr, a assombração sabia até o seu nome. Melhor era continuar deitado e se cobrir todinho.

Dali a pouco o vozeirão recomeçou:

– Caaaaaaaio? Caaaaio?

Caseiro: empregado que cuida da casa de campo do patrão.

E se a assombração não soubesse o nome dele coisa nenhuma e estivesse só perguntando se podia cair? Por via das dúvidas, Caio murmurou:

— Sim.

Caiu outro osso. E Caio **matutava**. Será que a assombração estava pensando que "Sim" queria dizer "Sim, pode cair"? Ou "Sim, sou eu, o Caio"?

Resolveu **desvendar** a questão de uma vez por todas.

— Eu!?!

Caiu mais um osso.

De novo:

— Caaaaaio? Caaaaaaaaaio?

E o Caio, para testar:

— Cai!

Caiu outro osso.

> **Desvendar:** descobrir, desmascarar.
> **Matutar:** pensar, refletir.
> **Vadiar:** andar à toa; não trabalhar.

Aí o Caio começou a achar que a assombração estava gozando a cara dele.

— Caiiiuuuu? — por coincidência, a assombração desafinou nessa hora.

O homem teve um treco. Deu dois tiros para o alto, chorando nervoso:

— Cai, mas cai logo, que eu não aguento mais essa história!

E, para sua surpresa, quem despencou do forro do teto foi o caseiro, que não queria dono novo na fazenda onde ele gostava de **vadiar**.

Angela-Lago. *Sete histórias para sacudir o esqueleto*. São Paulo: Companhia das Letrinhas, 2008. s/p.

> Esse conto faz parte do livro *Sete histórias para sacudir o esqueleto*, de Angela-Lago, premiada escritora e ilustradora brasileira. O livro foi escrito para crianças e apresenta sete histórias que misturam suspense e humor.

cento e cinquenta e um **151**

Estudo do texto

1 Por que ninguém queria comprar a fazenda de Bom Despacho?

_____

_____

2 Um comprador interessado foi à fazenda. Onde ele morava?

_____

■ Como estava o preço da fazenda quando ele apareceu?

☐ Caro.   ☐ Barato.

3 O comprador acordou de madrugada ouvindo uma voz **cavernosa**. A palavra destacada indica que a voz era:

☐ calma.   ☐ assustadora.   ☐ alegre.

4 O que foi que caiu em cima do comprador da fazenda?

☐ Osso.   ☐ Pedra.   ☐ Galho.

> **Os objetos nos contos de assombração**
> Em contos de assombração, objetos assustadores ajudam a compor o suspense da história.

5 Leia, em voz alta, a fala da "assombração".

> "– Caaaaaaaio? Caaaaio?"

a) A vogal **a** foi repetida para mostrar que a assombração falou:

☐ bem devagar.   ☐ bem depressa.

b) O que essa repetição pode sugerir ao leitor?

_____

6 Releia esta fala da assombração.

"Caio?"

- Quais poderiam ser os dois significados dessa fala? Para descobrir, complete as frases com as palavras dos quadros.

| pergunta | chama | nome | cair |

a) A assombração _____ se poderia _____ do teto.

b) A assombração _____ o comprador da fazenda pelo _____.

7 Como o comprador reagiu à assombração? Numere de acordo com o texto.

☐ Testou a assombração dizendo "Cai!".

☐ Teve um treco e deu dois tiros para o alto.

☐ Continuou deitado e se cobriu.

☐ Achou que a assombração estava gozando a cara dele.

☐ Murmurou: "Sim".

8 No começo da história, o caseiro aconselhou o comprador a dormir na fazenda. Por que ele fez isso? Pinte a resposta certa.

Ele queria a ajuda do comprador para desmascarar o fantasma.

Ele queria assustar o comprador.

Quem tem medo de fantasma?, de Fanny Joly, editora Scipione.

Os livros da coleção Quem Tem Medo… apresentam várias histórias de assombrar. Em *Quem tem medo de fantasma?*, uma menina e sua família visitam um castelo onde mora um fantasma assustador.

Estudo da língua

▌▍ Pontuação

1 Leia o trecho de um texto.

Hoje!

Grande comício na floresta!
Bem no meio da clareira, debaixo da bananeira!
Dona Formiga convocou uma reunião:
– Isso não pode continuar!
– Não pode, não! – apoiava o Camaleão.
– É um desaforo! – a Formiga gritava.
– É mesmo! – o Camaleão concordava.
A Joaninha, que vinha chegando naquele instante, perguntava:
– Qual é o desaforo, hein?
– É um desaforo o que a Lagarta faz! – dizia a Formiga.
– Come tudo o que é folha! – reclamava o Louva-a-deus.
– Não há comida que chegue! – continuava a Formiga.
[...]

Ruth Rocha. *A primavera da lagarta*. Belo Horizonte: Formato, 1999. p. 4-6.

Clareira: espaço sem árvores em uma mata.
Comício: reunião pública.

a) Do que os animais estavam reclamando na reunião?
_____

b) Que animais aparecem falando na reunião? Assinale.

☐ Formiga    ☐ Louva-a-deus    ☐ Caramujo

☐ Lagarta    ☐ Camaleão    ☐ Joaninha

154 cento e cinquenta e quatro

2 Releia dois trechos do texto.

> "Dona Formiga convocou uma reunião:
> – Isso não pode continuar!"

> "A Joaninha, que vinha chegando naquele instante, perguntava:
> – Qual é o desaforo, hein?"

a) De quem é a fala do primeiro trecho?

_____

b) Quem aparece falando no segundo trecho?

_____

c) Circule, nos trechos acima, os sinais de pontuação indicados a seguir.

> **:** (Dois-pontos)   **–** (Travessão)

d) Com um colega, analise o uso desses sinais e complete a tabela identificando a função de cada um.

> Apresentar a fala de uma personagem.

> Indicar o início da fala de uma personagem.

Sinal	Função nos trechos lidos
: Dois-pontos	
– Travessão	

Uso dos dois-pontos e do travessão

No texto escrito, os dois-pontos (:) e o travessão (–) podem indicar uma conversa entre as personagens.

cento e cinquenta e cinco **155**

Atividades

1 Releia o seguinte trecho do conto "Caio?".

> "De madrugada, acordou com uma voz cavernosa:
> – Caio? Caaaaaaio? – a voz repetia.
> Acontece que o homem se chamava Caio. Ele estranhou muito e foi com custo que gaguejou:
> – A-a-a-qui.
> [...]
> Dali a pouco o vozeirão recomeçou:
> – Caaaaaaaio? Caaaaio?"

a) Que palavras a voz cavernosa falou nesse trecho?

☐ "– A-a-a-qui."

☐ "– Caio? Caaaaaaio?"

☐ "Dali a pouco o vozeirão recomeçou:"

b) O que Caio, o comprador, falou?

_____

c) Marque as frases de acordo com o código.

> ● Indica que a personagem vai falar.
> ■ Apresenta o que a personagem fala.

☐ "– Caaaaaaaio? Caaaaio?"

☐ "De madrugada, acordou com uma voz cavernosa:"

☐ "Dali a pouco o vozeirão recomeçou:"

☐ "– A-a-a-qui."

☐ "– Caio? Caaaaaaio?"

☐ "Ele estranhou muito e foi com custo que gaguejou:"

2 Leia um trecho deste conto, copiado sem travessões.

Mamãe trouxe um lobo para casa!

Acredite quem quiser. Mas foi isso mesmo o que aconteceu. Mamãe trouxe um lobo para casa.

O lobo chegou num belo dia de sol. Eu tinha acabado de chegar da escola. Como faço todo dia, joguei a mochila no sofá e chamei:

Mamãe!

Mas, em vez de escutar a voz tranquila de minha mãe, ouvi um grunhido baixinho. Assim:

Humpff, humpfff.

Gritei de novo, e desta vez bem alto:

Manhêêê!!!!!!

Só aí ela apareceu.

Mãe, tem um monstro aqui em casa. Ele fez humpff para mim.

Que bobagem, filho. Monstros não existem.

Mas este existe e fez humpf para mim – repeti, com os olhos arregalados.

[...]

Grunhido: voz de certos animais.

Rosa Amanda Strausz. Mamãe trouxe um lobo para casa! Em: *Historinhas pescadas*: antologia de contistas brasileiros. São Paulo: Moderna, 2001. v. 2. p. 31.

a) Por que o menino pensou que havia um monstro em sua casa?

_____

_____

b) Coloque os travessões nas frases em que ele deveria aparecer.

c) Circule os dois-pontos que aparecem nesse trecho.

d) Quais são as funções dos dois-pontos nesse trecho?

☐ Indicar que a mãe vai falar.

☐ Indicar que o menino vai falar.

☐ Indicar o grunhido do lobo.

Leitura 2

Nas histórias de assustar, as personagens envolvem-se em situações perigosas e desafiadoras.

- Leia o título do texto e responda: Quem será o senhor Pringle? Ele fugirá ou resolverá enfrentar o dragão?

O Sr. Pringle e o dragão

Após aposentar-se de seu trabalho na fábrica de tintas, o senhor Pringle sentiu-se entediado, por isso decidiu tornar-se um "faz de tudo". [...]

Na manhã seguinte, enquanto o senhor Pringle tomava uma xícara de chá, a campainha tocou, e, ali na porta, apareceu o seu primeiro cliente!

– Bom dia – disse cordialmente. – Eu sou a bruxa de "Longas Distâncias" e dos "Tempos Passados". Vi seu cartaz na vitrine da loja e tenho um pequeno trabalho para você. De fato, não é muito, apenas um dragão chato que precisa ser eliminado [...].

– Bem, eliminar dragões não é exatamente a minha especialidade – disse o senhor Pringle cuidadosamente, suspeitando que pudesse ser algum tipo de piada. – De qualquer forma, não acha que eu deveria ter uma espada mágica para matar o dragão?

– Gatos e cabos de vassouras! – gritou a bruxa. – Você tem razão! Esqueci-me de trazer a espada! Assim nada pode ser feito! Você terá que fazer o serviço com isso! – disse a bruxa. E, tirando um longo alfinete de prata do chapéu pontudo, deu-o ao senhor Pringle.

– Espere um minutinho... – ele começou a falar.

– Desculpe, desculpe, mas preciso voar. Boa sorte! – E, dizendo isso, soprou o senhor Pringle como se soprasse uma pétala de dente-de-leão. [...] Ele girou de cabeça para baixo em meio a um redemoinho de névoa colorida. Sua cabeça latejava e enchia-se de sons como o tilintar de um sino.

> **Dente-de-leão:** flor com pétalas bem fininhas, que voam facilmente com o vento.
> **Entediado:** aborrecido, desanimado.
> **Latejar:** pulsar.
> **Tilintar:** soar.

[...]

Apesar de estar amedrontado, havia decidido que não deixaria se **abater** pelo primeiro trabalho que aparecesse. [...] Decidido, então, escalou toda a montanha. Viu-se finalmente diante do enorme cuspidor de fogo, tremendo que nem vara verde.

– O que você quer? – trovejou o dragão.

– Bem, na verdade, vim matá-lo – respondeu o senhor Pringle. [...]

O dragão caiu na gargalhada. Uma gargalhada tão terrível que ecoou como a **erupção** de um vulcão. [...]

O senhor Pringle desejou muito ter uma espada mágica naquele momento, mas encontrou apenas o alfinete do chapéu da bruxa. Desesperadamente, fincou-o na ponta do nariz do dragão. Houve um **estrondo**, uma chuva de faíscas coloridas, e o senhor Pringle foi jogado de cabeça para baixo. Outra vez, viu-se girando através do redemoinho de névoa colorida. Mas, em vez do som de sinos, ouviu uma voz repetindo:

– Carta para o senhor, Sr. Pringle. Carta para o senhor, Sr. Pringle.

Em pouco tempo, recuperou os sentidos e viu-se na porta de sua casa. Parado à sua frente, o carteiro lhe dizia:

– Carta para o senhor, Sr. Pringle.

O Sr. Pringle pegou a carta **absortamente**. Teria tudo sido um sonho? [...] Balançando a cabeça pensativamente, abriu a carta e deparou com um cheque no valor de mil moedas de ouro. [...] O cheque estava assinado pela bruxa [...] e, no verso, estava rabiscado: *Pela matança de um dragão aborrecido.*

John Patience. *Bruxas, magos e duendes*. Belo Horizonte: Leitura, 2009. s/p.

Abater: desanimar.
Absortamente: pensativamente.
Erupção: emissão de lava, cinzas e fumaça.
Estrondo: grande barulho.

Esse conto foi escrito por John Patience, um escritor inglês. Ele foi traduzido para o português e publicado no Brasil em um livro com outras histórias de aventuras e sustos.

cento e cinquenta e nove **159**

Estudo do texto

1 Indique a figura que poderia representar o senhor Pringle.

2 Quem foi a primeira cliente do Sr. Pringle?

_____

_____

a) O que essa cliente queria que o Sr. Pringle fizesse?

_____

b) Qual foi a reação do Sr. Pringle ao serviço que lhe foi pedido?

☐ Ele ficou satisfeito, pois o serviço era sua especialidade.

☐ Ele imaginou que o pedido fosse uma piada.

c) Que objeto o Sr. Pringle recebeu para fazer o serviço?

_____

3 Como o Sr. Pringle chegou ao lugar em que enfrentaria o dragão que a bruxa queria eliminar?

☐ Ele foi andando por uma estrada.

☐ Ele foi soprado dentro de um redemoinho de névoa.

☐ Ele foi voando em uma vassoura mágica.

4 O Sr. Pringle, diante do enorme dragão, começou a tremer **que nem vara verde**. O que a expressão em destaque quer dizer?

160 cento e sessenta

5 Relacione as personagens às falas correspondentes.

- [A] Dragão — "– Carta para o senhor, Sr. Pringle."
- [B] Carteiro — "– Gatos e cabos de vassouras!"
- [C] Bruxa   — "– O que você quer?"

6 Releia este trecho.

> "O dragão caiu na gargalhada. Uma gargalhada tão terrível que ecoou como a erupção de um vulcão."

a) O dragão começou a rir porque:

- ☐ ficou com medo do Sr. Pringle.
- ☐ não acreditou que o Sr. Pringle pudesse matá-lo.

b) Que palavra desse trecho procura sugerir medo e suspense ao leitor?

- ☐ como
- ☐ uma
- ☐ terrível

As palavras que assustam

Em histórias de assustar, algumas palavras são escritas com a intenção de sugerir ao leitor o sentimento de medo, assim como para criar suspense e assustá-lo.

7 Como o Sr. Pringle se salvou do dragão?

_____

_____

Aprendendo a lidar com os medos

Os medos fazem parte da vida das pessoas, em diferentes idades.

- Quais são os medos que você tem ou já teve?
- Como os amigos podem ajudá-lo a vencer seus medos?

cento e sessenta e um **161**

Produção de texto

■ Conto de assustar

Em grupo, você e seus colegas escreverão a continuação de um conto de assustar. Os textos farão parte de um livro que será produzido no final deste capítulo e doado à biblioteca do seu bairro ou da cidade.

Hora de planejar e escrever

1 Escolham um dos contos a seguir para escrever a continuação. Vocês também podem escolher um conto da biblioteca da escola.

☐ *Zé Murieta, o homem da capa preta*

☐ *Um monstro debaixo da cama*

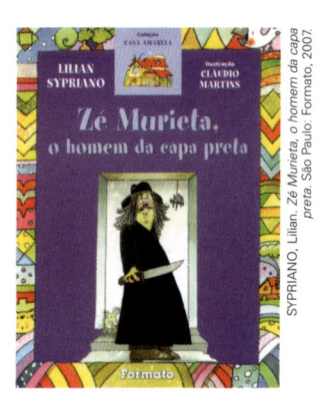

SYPRIANO, Lilian. *Zé Murieta, o homem da capa preta*. São Paulo: Formato, 2007.

GLITZ, Angelika. *Um monstro debaixo da cama*. São Paulo: Martins Fontes, 2001.

2 Leiam o início do texto escolhido. Se vocês escolheram um conto da biblioteca da escola, o professor indicará a parte a ser lida.

Zé Murieta, o homem da capa preta

Lá no fim da rua, bem depois da casa grande e amarela, havia um antigo casarão com jeito de abandonado [...]

A garotada falava que aquela casa era mal-assombrada.

Na casa mal-assombrada morava um velho magro que estava sempre enrolado numa capa preta surrada e tinha cabelos longos, brancos e desgrenhados.

Era Zé Murieta, o homem da capa preta.

Julinho Gatinho morria de medo só de pensar em passar perto daquela casa assustadora. [...]

[...]

[...] Nesse momento, ouviu a voz do carteiro e correu até o portão pra ver o que ele tinha deixado na caixa do correio. E percebeu que o coitado havia se enganado: o envelope ensebado, de papel amarelado, estava endereçado para o número 660 e não para o número 66, que era o da casa amarela.

162 cento e sessenta e dois

[...]
Julinho Gatinho decidiu [...] levar a carta ao verdadeiro destinatário. E, com a carta na mão, saiu andando rua acima, procurando o número 660.
[...]
Finalmente, Julinho chegou em frente à casa mal-assombrada. O número 660 era exatamente ali.
[...]

Lilian Sypriano. *Zé Murieta, o homem da capa preta*. São Paulo: Formato, 2007. p. 5, 8 e 12.

Um monstro debaixo da cama

Debaixo da cama do Willi tem um monstro.
Willi nunca viu o monstro, mas sabe muito bem que ele está ali.
[...] O menino puxa as cobertas até a cabeça.
Ai, mais um rangido.
M a m ã ã ã ã e!
A porta se abre na mesma hora.
– O que foi, Willi, teve um sonho ruim? – pergunta a mamãe.
– Psss – sussurra o Willi – Psss. Tem um monstro debaixo da minha cama.
Mamãe ri.
– É sério – diz o Willi. – E ele faz uns barulhos esquisitos.
Mamãe passa a mão na cabeça do Willi.
– Está bem, então vamos ouvir os barulhos que ele faz! – ela diz.
[...]

Angelika Glitz e Imke Sönnichsen. *Um monstro debaixo da cama*.
São Paulo: Martins Martins Fontes, 2001. s/p.

3 Após a leitura do texto escolhido, converse com seus colegas para decidir como será a continuação da história. Respondam às questões a seguir no caderno ou em uma folha avulsa.

a) Aparecerão novas personagens? Se aparecerem, quais serão elas?

b) O que acontecerá a cada personagem?

c) Como serão as conversas entre as personagens?

d) Que palavras serão usadas para provocar medo no leitor?

e) Como a história terminará?

4 Escrevam neste espaço a continuação da história. Lembrem-se de escrever o título da história na primeira linha.

Hora de avaliar

1. Troquem o texto de vocês com o de outro grupo.

2. Leiam e avaliem a continuação do conto escrita pelo outro grupo. As perguntas a seguir podem ajudar na avaliação.

	Sim	Não
A história foi escrita a partir do início apresentado?		
A história apresenta o que aconteceu com cada personagem?		
Há diálogos na história?		
Os diálogos utilizam dois-pontos e travessão?		
Foram utilizadas palavras que provocam sensação de medo no leitor?		

Hora de reescrever

1. Leiam a avaliação feita pelo outro grupo.

2. Releiam o texto de vocês e avaliem se devem ser feitas alterações.

3. Escrevam o início e a continuação do texto de vocês em uma folha avulsa.

4. Deixem um espaço para fazer uma ilustração no momento de organizar o livro. Lembrem-se: o texto de vocês fará parte de um livro de contos e poemas.

Estudo da escrita

O uso de m antes das letras p e b

1 Leia o início desta história.

O pote vazio

Há muito tempo, na China, vivia um menino chamado Ping, que adorava flores. Tudo o que ele plantava florescia maravilhosamente. [...]

Todos os habitantes do reino também adoravam flores.

Eles plantavam flores por toda a parte e o ar do país inteiro era perfumado.

O Imperador gostava muito de pássaros e outros animais, mas o que ele mais apreciava eram as flores. [...]

Acontece que o Imperador estava muito velho e precisava escolher um sucessor.

Quem poderia herdar seu trono? Como fazer essa escolha? Já que gostava muito de flores, o Imperador resolveu deixar as flores escolherem.

No dia seguinte ele mandou anunciar que todas as crianças do reino deveriam comparecer ao palácio. Cada uma delas receberia do Imperador uma semente especial. – Quem provar que fez o melhor possível dentro de um ano – ele declarou – será meu sucessor.

[...]

Sucessor: pessoa que assume o lugar de outra.

Demi. *O pote vazio*. São Paulo: Martins Fontes, 2000. s/p.

a) O que as personagens do texto tinham em comum?

_____

b) Quem seria o sucessor do Imperador?

☐ A criança mais inteligente do reino.

☐ A criança que cuidasse melhor da semente que ganhou do Imperador.

2 Releia estas palavras do texto.

| tempo | mandou | semente |
| anunciar | também | imperador |

a) Complete a tabela com as palavras acima.

Palavras com **m** antes de consoante	Palavras com **n** antes de consoante

b) Em cada palavra, pinte a consoante que aparece após o **m** ou o **n**.

c) Que consoantes aparecem após a letra **m**?
_____

d) Que consoantes aparecem após a letra **n**?
_____

3 Ligue cada palavra à letra que a completa.

N   LÂ★PADA   TA★BOR   N

M   PE★TE   A★JO   M

Letra m antes de consoante
Antes das letras consoantes **p** e **b**, é utilizada a letra **m**.

cento e sessenta e sete **167**

Atividades

1 Leia a letra desta cantiga de roda.

Samba Lelê

Samba Lelê tá doente,
tá com a cabeça quebrada.
Samba Lelê precisava
É de umas boas lambadas.

Samba, samba, samba, ô Lelê!
Pisa na barra da saia, ô Lalá!

Ó, morena bonita,
onde é que você mora?
Moro na rua Formosa,
digo adeus e vou embora.

Domínio público.

a) Observe o título dessa cantiga. "Samba Lelê" parece ser o nome de:

☐ um objeto.   ☐ uma pessoa.   ☐ um lugar.

b) Complete o quadro com palavras da cantiga.

Palavras com **n** antes de consoante	Palavras com **m** antes de consoante
_____	_____
_____	_____

2 Pinte as palavras que apresentam **m** antes de **p** e **b**.

BRINCADEIRA   umbigo   limpeza

computador   habitante   PINTOR

criança   ombro   lanterna

168 cento e sessenta e oito

3 Leia um trecho deste poema.

Cambalhota

Cambalhota,
que delícia,
vira, vira,
cambalhota!

Que delícia,
dar cambota,
vira, vira,
cambalhota!

[...]

Dar impulso,
com a perna,
vira, vira,
cambalhota!

Ricardo da Cunha Lima. *Cambalhota*. São Paulo: Companhia das Letrinhas, 2003. p. 14-15.

a) Qual estrofe apresenta informações sobre como dar uma cambalhota? Circule-a.

b) Que palavras do poema são escritas com **m** antes de consoante?
_____

4 Coloque **m** ou **n** no final das primeiras sílabas e forme outras palavras.

SOBRA
_____

TAPA
_____

POTE
_____

BOBA
_____

cento e sessenta e nove **169**

Descubra como...

Registrar para contar histórias

Ao longo deste livro, você conheceu muitas histórias. Leu sozinho várias delas, leu outras com seus colegas e ouviu a leitura feita pelo seu professor. Agora, você vai aprender a registrar histórias para poder contá-las a outras pessoas.

1 Releia o conto "O Sr. Pringle e o dragão", nas páginas 158 e 159.

a) Qual trecho da história mais chamou sua atenção?

_____

_____

_____

b) Faça um desenho de um trecho que poderia ajudar você a recordar essa história.

c) Por que você escolheu esse desenho? Marque suas respostas com **X**.

☐ Porque ele mostra personagens da história.

☐ Porque ele apresenta uma cena importante da história.

☐ Porque ele mostra o lugar em que a história acontece.

☐ Porque ele apresenta o final da história.

2 Outro modo de contar uma história sem esquecer o principal é consultar algumas informações sobre ela.

a) Ouça a história que o professor vai ler e registre na tabela abaixo as informações dela.

Nome da história	
Autor	
Local onde a história acontece	
Personagens	
O que é tratado na história	
Momento de suspense	
Final da história	

b) Desenhe um trecho para ilustrar a história que você ouviu.

cento e setenta e um **171**

Antes de continuar

1 Leia o trecho inicial desta história de assustar.

> **Quem tem medo de bruxa?**
>
> Certa vez, o dia já tinha amanhecido, saí para passear e procurar algo diferente.
>
> [...]
>
> De repente, perto de algumas pedras, escutei ruídos estranhos.
>
> Fui bruscamente puxado para dentro de um buraco no meio das pedras.
>
> Caí num túnel sem fim, como se fosse um poço. [...]
>
> Aquilo parecia um pesadelo! Quando vi onde estava, fiquei de cabelo em pé. Eu estava preso na teia de uma bruxa!
>
> [...]
>
> Fanny Joly e Jean-Noël Rochut. *Quem tem medo de bruxa?* São Paulo: Scipione, 2005. p. 6-12.

a) O que quer dizer a expressão "de cabelo em pé"?

_____

b) Desenhe a cena que representa o trecho "Eu estava preso na teia de uma bruxa!".

2 Circule as palavras que apresentam a letra **m** antes de **p** e **b**.

MEDO	sonho	assombração	coragem
fantasma	lobisomem	monstro	VAMPIRO
escuridão	sombra	TEMPESTADE	bruxa

172 cento e setenta e dois

3 Releia um trecho do texto "Um monstro debaixo da cama".

> "– O que foi, Willi, teve um sonho ruim? – pergunta a mamãe.
> – Psss – sussura o Willi. – Psss. Tem um monstro debaixo da minha cama.
> Mamãe ri.
> – É sério – diz o Willi. – E ele faz uns barulhos esquisitos.
> Mamãe passa a mão na cabeça do Willi.
> – Está bem, então vamos ouvir os barulhos que ele faz! – ela diz."

a) Sublinhe as falas de Willi.

b) Circule as falas da mãe de Willi.

c) Qual é o sentido da palavra **psss** em uma das falas do texto?

☐ Oba! ☐ Fale baixo. ☐ Ai!

d) Por que aparece travessão no início das falas?

_____

_____

4 Releia agora um trecho do conto "O Sr. Pringle e o dragão".

> "Outra vez, viu-se girando através do redemoinho de névoa colorida. Mas, em vez do som de sinos, ouviu uma voz repetindo:
> – Carta para o senhor, Sr. Pringle. Carta para o senhor, Sr. Pringle.
> Em pouco tempo, recuperou os sentidos e viu-se na porta de sua casa. Parado à sua frente, o carteiro lhe dizia:
> – Carta para o senhor, Sr. Pringle."

a) Circule os dois-pontos (:) que aparecem nesse trecho.

b) Qual é a função dos dois-pontos no texto acima?

☐ Indicar o fim da fala da personagem.

☐ Marcar o fim de uma ideia do texto.

☐ Mostrar que uma personagem vai falar.

cento e setenta e três **173**

Fazer e aprender

O livro da classe

No capítulo 5, vocês reescreveram parte de um poema. Neste capítulo, escreveram a continuação de um conto de assustar. Chegou o momento de organizar esses textos e montar um livro. Esse livro será doado à biblioteca da cidade ou do bairro e poderá ser lido por outras crianças.

Preparação das páginas

Reúna-se com os colegas do seu grupo de produção de texto e peguem as folhas em que vocês passaram a limpo o poema e o conto de assustar.

Releiam o conto de assustar e verifiquem se vocês deixaram espaço para a ilustração que vai acompanhá-lo. Conversem sobre o desenho que poderia ilustrar o conto. Um ou mais colegas devem ficar responsáveis por essa ilustração.

Os livros sempre apresentam o nome dos autores dos textos. Portanto, escrevam nos trabalhos de vocês o nome de todos os integrantes do grupo.

Preparação da capa

Toda a classe deve decidir como será a capa do livro. Depois, definam os alunos que ficarão responsáveis por elaborá-la.

1 Que tipo de papel será utilizado?

_____

2 Qual será a ilustração da capa?

_____

3 Como será feita a ilustração?

☐ Com colagem.   ☐ Com foto.   ☐ Com desenho.

4 Que outras informações devem aparecer na capa?

_____

174 cento e setenta e quatro

Preparação do sumário

Com a ajuda do professor, definam a ordem de apresentação dos textos. Conversem sobre as questões a seguir.

1 O que virá primeiro?

☐ Poemas.   ☐ Contos.

2 Como será determinada a ordem dos poemas e dos contos?

☐ Sorteio.   ☐ Ordem alfabética do título.

☐ Outra. Qual? _____

Escolham os alunos que serão responsáveis pela elaboração do sumário.

Montagem do livro

Seguindo a ordem combinada, organizem os textos. Lembrem-se de que, antes dos textos, deve estar o sumário.

É importante também que o livro tenha uma capa no final para proteger as folhas com os poemas e as histórias.

Organizem as capas e as folhas e grampeiem o livro de vocês.

Avaliação

Avaliem o trabalho da classe.

Hora de avaliar

- Todos os alunos participaram da organização do livro?
- O livro apresenta capa e sumário?
- O que poderia ser melhorado para produzir um novo livro?

cento e setenta e cinco **175**

Rever e aprender

1 Leia este poema.

Borboletrada

Uma certa borboletinha
Sentia-se boba e tristinha
Quando resolveu brincar
Com suas próprias letrinhas.

[...]

Descobriu como era divertida
A brincadeira de montar e desmontar,
Criar novos sentidos
Para as palavras que iria formar.

Primeiro resolveu mudar
A letra **R** de lugar
E chamou sua brincadeira de borboletrar.

A borboleta
Agora tira tudo de letra [...]
E acima de tudo
É uma engraçada borboletrada.

Dri Fóz. *Vamos navegar na poesia?*
São Paulo: DCL, 2004. p. 9.

a) O que a borboleta resolveu fazer para não se sentir triste e sozinha?

_____
_____

b) Que nome a borboleta deu para sua brincadeira?

_____

c) Que palavras foram usadas para formar esse nome?

_____

176 cento e setenta e seis

2 Releia a primeira estrofe do poema.

a) Por que a palavra **borboletinha** foi escrita no singular?

_____

b) Com quantas letras a borboleta brincou?

☐ Uma.   ☐ Duas ou mais.

c) Que palavras ajudaram você a responder ao item **b**?

_____

d) Essas palavras foram escritas no:

☐ singular.   ☐ plural.

3 Releia o poema para encontrar as palavras e completar o quadro.

Uma palavra com a sílaba **ça**	Uma palavra com a sílaba **ca**
_____	_____

4 Brinque como a borboletinha, formando novas palavras com as letras da palavra **borboleta**.

_____

_____

5 Leia este trecho de uma história e coloque os travessões que faltam.

Pedro coloca Rubi em seu cesto.

Durma bem, cachorrinho, até amanhã!

Tenha bons sonhos, Pedro! – diz a mãe.

[...]

Mas Pedro não consegue dormir.
E pergunta em voz alta:

Rubi, você já está dormindo?

[...]

Sandrine Deredel Rogeon. *Pedro tem medo de fantasmas*. São Paulo: Larousse Júnior, 2006. p. 3-6.

7 Histórias de todos os tempos

Chocolate quente na neve

No frio que faz no inverno em Copenhague, capital da Dinamarca, há duas tradições importantíssimas: comer chocolates e contar histórias.

E agora você vai conhecer a história de um escritor que nasceu na Dinamarca e ficou muito famoso escrevendo contos. Seu nome: Hans Christian Andersen.

[...] Andersen nasceu em Odense, no interior do país, e era um menino muito pobre. Seu pai era sapateiro e sua mãe, lavadeira.

Naquela época, quem nascia pobre morria pobre. Não era fácil mudar de vida.

Mas Andersen queria ser alguém muito importante. Tinha tanta ambição que acabou recebendo ajuda. Em 1819 foi para a capital Copenhague, adotado por um senhor rico, chamado Jonas Collins.

Ambicioso, Andersen acabou ficando mesmo muito famoso...

À medida que fazia mais e mais sucesso, Andersen começou a viver em contato com reis, rainhas, príncipes e princesas. E ele ficava pensando, pensando... tentando entender por que é que uns nasciam com tudo e outros com nada [...].

No fundo, no fundo, Andersen não esquecia que ele mesmo tinha sido um menino pobre e que, por causa disso, tivera de fazer muito esforço para ser aceito entre os nobres.

Bem no centro de seu coração, ele se sentia frágil no meio daquele mundo de etiquetas e riqueza e tinha solidariedade com aqueles que considerava mais frágeis. [...]

Katia Canton. *Chocolate quente na neve*: histórias dinamarquesas de Andersen. São Paulo: DCL, 1996. p. 5-9.

- Quais são duas importantes tradições da capital da Dinamarca?
- O escritor Andersen nasceu em uma família rica ou pobre?
- Que parte do texto apresenta essa informação?
- Andersen foi adotado por um homem rico e ficou muito famoso. Com que pessoas ele passou a conviver?
- Andersen escreveu muitos contos.
    a) Você imagina que essas histórias tenham se passado em um tempo antigo ou atual?
    b) Os acontecimentos presentes nessas histórias parecem ser verdadeiros ou inventados?
- Você conhece algum destes contos de Andersen?

A princesa e a ervilha	O patinho feio
A roupa nova do imperador	A Sereiazinha
A pequena vendedora de fósforos	Polegarzinha

Leitura 1

Os contos tradicionais infantis encantam pessoas no mundo todo pela capacidade que têm de despertar a imaginação e a fantasia dos leitores. O texto a seguir é um desses contos.

- Você conhece o conto "A roupa nova do imperador"? Será que a tal "roupa nova" ficou bonita no imperador?

A roupa nova do imperador – primeira parte

Havia, há muito tempo, um imperador que amava tanto os trajes novos e elegantes, que gastava todo o seu dinheiro para mostrar-se sempre bem vestido. Não se preocupava com seus soldados, nem com o teatro [...]; sua única preocupação era exibir-se em trajes novos. [...]

Na grande cidade onde morava, a vida era bastante movimentada. A cada dia chegavam numerosos estrangeiros. De uma feita chegaram dois impostores, que se faziam passar por tecelões e sabiam tecer, segundo afirmavam, o mais estupendo tecido que se possa imaginar. Não apenas as cores e o desenho eram de beleza excepcional, mas os trajes feitos com tal tecido possuíam a propriedade mágica de ser invisíveis a todo homem **indigno** do cargo que exercia, ou cuja imbecilidade ultrapassasse os limites **plausíveis**.

Indigno: que não merece algo.
Plausível: aceitável.

"Deve ser um traje maravilhoso", disse o rei. [...] "Sim, tecei imediatamente para mim este tecido!" E deu aos dois compadres, como adiantamento, uma grande quantia em dinheiro para que pudessem começar a obra.

Eles montaram dois teares e fingiam trabalhar, mas sem ter fio algum sob o tear. Haviam, já no início, pedido a seda mais fina e o ouro mais puro, mas, depois de guardá-los dentro de um saco, continuaram a trabalhar sobre os teares vazios, e trabalhavam até altas horas da noite.

"Bem que eu gostaria de saber em que ponto está o tecido", disse consigo o rei [...].

"Enviarei aos tecelões meu velho e competente primeiro-ministro!", pensou o rei. "Ele saberá, melhor que qualquer outro, julgar o aspecto que tem o tecido, pois é um homem de discernimento e ninguém exerce a função melhor do que ele..."

E assim o bravo e velho primeiro-ministro foi até a sala onde os dois compadres se haviam instalado e trabalhavam nos teares vazios. [...]

Discernimento: capacidade de avaliar o certo e o errado.
Tear: máquina que fabrica pano a partir de fios.

Os dois pediram-lhe que tivesse a bondade de se aproximar mais e perguntaram se não era belo o desenho e se as cores não eram maravilhosas. E mostravam o tear vazio ao pobre primeiro-ministro [...].

"Meu Deus!", pensava ele, "serei então um tolo? Eu jamais o teria pensado e ninguém deve sabê-lo! Serei incompetente em minha função? Não, não posso confessar que não enxergo o tecido!"

– E então, o senhor nada diz? – disse um dos tecelões.

– Oh, como é bonito, como é delicado! – disse o velho ministro, aproximando seus óculos. – Que desenho e que cores! Sim, direi ao imperador que é um deleite para os olhos!

Deleite: prazer, satisfação.

[...]

O imperador não demorou a mandar outro bravo funcionário, para ver em que ponto estava a obra, e se o tecido ficaria pronto logo. Aconteceu com este o mesmo que com o velho primeiro-ministro: por mais que olhasse e tornasse a olhar, como nada havia sobre os teares vazios, ele nada podia ver.

[...]

Hans Christian Andersen. *Contos de Andersen*. São Paulo: Paulus, 1996. p. 127-129.

Esse conto faz parte de um livro que apresenta várias histórias escritas por Hans Christian Andersen. Os **contos de Andersen** foram traduzidos para vários idiomas e são publicados até hoje, em muitos países.

Estudo do texto

1 Releia o início do conto.

> "Havia, há muito tempo"

a) A palavra **havia** informa que a história:

☐ já aconteceu.   ☐ está acontecendo.   ☐ vai acontecer.

b) Complete a frase com uma das palavras do quadro.

| distante | próximo |

A expressão **há muito tempo** indica que a história se passa em um tempo _____.

O início nos contos tradicionais

Os contos tradicionais começam com expressões que indicam o tempo em que se passa a história (que não se pode determinar). Exemplos: "Há muito tempo", "Conta-se que", "Era uma vez", "Certa vez".

2 Marque com **X** a maneira como o imperador gostava de se vestir.

☐   ☐

- Circule, no texto, o trecho que confirma sua resposta.

3 O imperador deu uma quantia em dinheiro aos tecelões para que começassem a trabalhar. O que os tecelões fizeram?

☐ Colocaram fios no tear e trabalharam até tarde.

☐ Fingiram trabalhar até tarde, usando o tear vazio.

4 Segundo os impostores, quem conseguiria ver o tecido? Marque **X** nas respostas corretas.

☐ Pessoas inteligentes.

☐ Pessoas tolas.

☐ Pessoas indignas.

☐ Pessoas dignas.

5 No início do trabalho, os tecelões pediram materiais ao imperador.

a) Que materiais eram esses?

_____

_____

b) O que os tecelões fizeram com os materiais que receberam?

_____

_____

c) Por que eles queriam esses materiais?

☐ Porque precisavam deles para fazer um ótimo tecido.

☐ Porque eram materiais valiosos e, assim, eles ficariam ricos.

6 As frases abaixo indicam por que o imperador enviou o primeiro-ministro à sala onde se encontravam os tecelões.

▪ Complete as frases com algumas palavras do quadro.

velho	capaz	curioso
vaidoso	inteligente	preguiçoso

a) O imperador estava muito _____ para saber como estava o trabalho.

b) Ele considerava o primeiro-ministro um homem _____ e _____ de avaliar o tecido.

184 cento e oitenta e quatro

7 Qual foi o pensamento inicial do primeiro-ministro ao observar os teares vazios?

☐ "Meu Deus! Serei então um tolo?"

☐ "Como é bonito, como é delicado!"

8 O que o primeiro-ministro decidiu fazer? Pinte a alternativa correta.

> Contar ao imperador que não tinha visto o tecido.

> Dizer ao imperador que tinha visto um lindo tecido.

> Expulsar os falsos tecelões do reino.

9 O imperador mandou outro funcionário ver como estava o tecido.

- O que esse funcionário viu?

_____

_____

10 Converse com um colega sobre as seguintes questões. Depois escreva as respostas.

a) Por que será que o primeiro-ministro resolveu dizer que conseguia ver o tecido?

_____

_____

b) E quanto ao imperador? Será que ele conseguiria ver o tecido?

_____

_____

Histórias maravilhosas de Andersen, de Hans Christian Andersen, editora Companhia das Letrinhas.

Esse livro apresenta várias histórias escritas pelo autor, como "A princesa e a ervilha", "O patinho feio", "Polegarzinha", entre outras.

Estudo da língua

Pontuação de diálogo

1) Leia o trecho de um conto.

A festa no céu

Uma grande festa foi preparada no céu para todos os animais que viviam na Terra. As aves se prepararam para a festa, mas os bichos que não voavam não podiam ir. Na véspera, os animais sem asas estavam reunidos, muito tristes, quando apareceu o sapo-cururu dizendo que ia à festa. O pessoal caiu na risada. Como poderia subir às alturas, bem ele que era pesado e nem correr conseguia?

"Pois esperem e verão", disse o sapo. "Na volta, eu conto tudo para vocês."

O urubu era um dos convidados mais importantes: bom violeiro, as danças dependiam dele. Sabendo disso, o sapo foi até a casa do urubu, bateu um papo com ele e despediu-se dizendo: "Vou indo, compadre. Para mim o caminho é longo; preciso sair muito antes que todos os outros".

"Então o compadre cururu vai mesmo?" Espantou-se o urubu.

"Vou sim. Até a festa, compadre urubu!", disse o sapo. [...]

O sapo fingiu que ia embora, mas não foi [...]. Quando o urubu foi para a lagoa, o sapo entrou na casa pela porta dos fundos. Assim que viu a viola [...], pulou dentro dela e ficou bem quietinho. Na manhã seguinte, o urubu pegou a viola e bateu asas para o céu [...].

Silvana Salerno. *Viagem pelo Brasil em 52 histórias*. São Paulo: Companhia das Letrinhas, 2006. p. 50.

a) Quais eram os animais que poderiam participar da festa no céu?

b) O que os outros animais fizeram quando o sapo disse que ia à festa? Por quê?

c) O que o sapo fez para ir à festa?

2 Nesse trecho, aparecem falas de alguns animais. Quais?

☐ sapo   ☐ papagaio   ☐ coelho   ☐ urubu

3 Com um colega, releiam os trechos do texto que estão destacados.

a) Que informação esses trechos apresentam?

_____

b) Circulem, nesses trechos, os sinais de pontuação " " (aspas).

- As aspas sinalizam:

☐ o começo e o fim de cada linha.

☐ o começo e o fim de uma fala.

☐ o começo e o fim de um comentário de quem conta a história.

4 Releia um trecho da história "A roupa nova do imperador".

"Enviarei aos tecelões meu velho e competente primeiro-ministro!", pensou o rei. "Ele saberá, melhor que qualquer outro, julgar o aspecto que tem o tecido, pois é um homem de discernimento e ninguém exerce a função melhor do que ele..."

- Sublinhe as partes desse trecho que apresentam o que o rei estava pensando naquele momento.

Uso das aspas

No texto escrito, os diálogos e pensamentos das personagens podem ser indicados pelo sinal de pontuação " ", chamado aspas.

cento e oitenta e sete **187**

Atividades

1 Leia um trecho desta história.

> **Os três príncipes**
>
> Dona Irene estava com as filhas no terraço quando viram o rei passar. A irmã mais velha disse: "Se me casasse com o rei, eu lhe faria uma camisa como ele nunca viu". A do meio falou: "Eu lhe faria calças como ele nunca teve!" A caçula disse: "Eu lhe daria três filhos príncipes".
>
> O rei ouviu isso e se casou com Elisa, a caçula. As irmãs ficaram com muita inveja, mas disfarçaram bem. [...]
>
> Silvana Salerno. *Viagem pelo Brasil em 52 histórias*.
> São Paulo: Companhia das Letrinhas, 2006. p. 69.

a) Nesse trecho da história:

☐ dona Irene conversa com suas filhas.

☐ as três filhas conversam entre si, e dona Irene escuta.

b) Relacione cada personagem ao que ela disse que daria ao rei.

Filha mais velha    Três filhos príncipes

Filha do meio 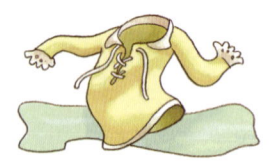   Camisa

Filha caçula    Calças

c) Sublinhe, no texto, a fala de cada personagem.

d) Que sinal gráfico identifica essas falas?

☐ ! (ponto de exclamação)   ☐ – (travessão)   ☐ " " (aspas)

188 cento e oitenta e oito

2 Releia um trecho da história "A roupa nova do imperador".

> "Meu Deus!", pensava ele, "serei então um tolo? Eu jamais o teria pensado e ninguém deve sabê-lo! Serei incompetente em minha função? Não, não posso confessar que não enxergo o tecido!"
> – E então, o senhor nada diz? – disse um dos tecelões.
> – Oh, como é bonito, como é delicado! – disse o velho ministro, aproximando seus óculos.

- Pinte as frases que indicam o diálogo entre as personagens, de acordo com a legenda.

    ▨ Fala do tecelão   ▨ Fala do ministro

3 Leia esta tira.

Jean Galvão. *Animatiras*. Disponível em: <http://jeangalvao.blogspot.com>. Acesso em: 26 ago. 2011.

a) Qual era o defeito do controle remoto de Nícolas?
_____
_____

b) De que outra maneira poderiam ser representadas algumas falas presentes na tira? Pinte a opção correta.

> – Ei, Nícolas, não trouxe o carrinho? – perguntou o menino de boné.
> – Trouxe, mas meu controle tá com defeito – ele respondeu.

> Ei, Nícolas, não trouxe o carrinho?, perguntou o menino de boné.
> Trouxe, mas meu controle tá com defeito, ele respondeu.

cento e oitenta e nove **189**

Leitura 2

Escritos há muito tempo, os contos tradicionais agradam a leitores de várias épocas. Suas histórias envolvem temas que procuram, muitas vezes, transmitir algum ensinamento.

- Leia a segunda parte do conto "A roupa nova do imperador". Será que todos continuarão fingindo que veem a roupa do rei?

A roupa nova do imperador – segunda parte

[...]

Na cidade inteira só se falava do magnífico tecido e o imperador quis vê-lo com seus próprios olhos, enquanto estava ainda no tear. Acompanhado por um séquito de pessoas de alta condição, entre as quais figuravam os dois velhos e eminentes ministros que lá já haviam estado, foi ao encontro da astuta dupla de vigaristas, que fingia tecer com grande empenho, sem ter sequer um fio sobre o tear.

– Não é magnífico? – disseram os dois velhos funcionários. – Veja, Vossa Majestade, que desenho! Que cores!

E apontavam com o dedo o tear vazio, pois acreditavam piamente que os outros podiam ver o tecido.

"Como? Como?", pensava o imperador, "não percebo nada! É terrível, serei um tolo? Serei incapaz de ser imperador? Não poderia me acontecer nada pior!"

– Oh! – disse em voz alta – é uma beleza perfeita, e tem minha real aprovação!

E balançava a cabeça satisfeito, contemplando o tear vazio, pois não queria dizer que não podia ver nada. Todos os do seu séquito, por mais que olhassem, viam tanto quanto tinham visto os outros, mas repetiam como o imperador: "Oh, é uma beleza perfeita!", e o aconselhavam a vestir-se com aquele novo e magnífico tecido para comparecer

Eminente: que é superior aos demais.
Piamente: com certeza.
Séquito: conjunto de pessoas.

à grande procissão que estava próxima. "Que magnificência! Que beleza! Que perfeição!", ouvia-se de boca em boca, e todos se mostravam verdadeiramente encantados. O imperador gratificou cada um dos compadres com uma cruz de cavaleiro, para colocar na lapela, e com o título de nobres tecelões.

Durante toda a noite, véspera da grande procissão, os impostores estiveram trabalhando com pelo menos dezesseis velas acesas. Via-se que se apressavam para terminar o traje imperial. Fingiam tirar o tecido do tear, cortavam o vazio com tesouras enormes, costuravam com agulhas sem fio, e por fim disseram: "Ei-lo, o traje está pronto!"

Cortesão: homem da corte.
Talhado: cortado.

O imperador veio pessoalmente, acompanhado pelos mais altos cortesãos, e os dois farsantes, levantando o braço no ar, como se segurassem qualquer coisa, diziam: "Vede, estas são as calças, esta é a casaca, esta é a capa!", e assim por diante. "É tão leve como uma teia de aranha! Tem-se a impressão de não ter nada sobre o corpo, mas é justamente nisso que reside a virtude desta roupa."

– Sim, sim – dizia o séquito dos senhores, sem nada poder ver, pois não havia nada.

– Agora, queira Vossa Majestade Imperial ter a bondade de despir-se – disseram os compadres –, e nós lhe vestiremos seu novo traje, diante deste grande espelho.

O imperador tirou toda a roupa, e os compadres fingiram dar-lhe, uma por uma, as peças do novo traje, que diziam ter costurado; fingiram, por fim, prender qualquer coisa à cintura: era a cauda. E o imperador mirava-se e remirava-se no espelho.

"Oh, que traje bem talhado! Como lhe cai bem!", exclamavam todos. "Que modelo! Que cores! Que ricos adereços!"

– Lá fora, já está à espera o pálio que deve ser levado sobre Vossa Majestade, durante a procissão – disse o mestre de cerimônias.

– Sim, estou pronto! – disse o imperador. – Achas que estou bem?

E voltou-se mais uma vez para olhar-se no espelho, pois precisava dar a impressão de que realmente contemplava seu traje de gala.

Os camareiros, que deveriam segurar a cauda, apalparam com as mãos o chão, como se levantassem algo e caminharam segurando o vazio, sem ousar deixar perceber que nada viam.

E o imperador avançava assim na procissão, sob o seu magnífico pálio, e a multidão nas ruas e nas janelas dizia:

"Céus! O novo traje do imperador é incomparável! Que cauda esplêndida!". Ninguém queria confessar que nada via, pois isso seria passar por tolo ou incapaz em seu emprego. Nunca um traje do imperador obtivera tal sucesso.

– Mas ele está sem roupa! – exclamou uma criança.

– Pelo céu! Ouçam a voz da inocência! – disse seu pai.

E todos puseram-se a sussurrar, um ao outro, as palavras da criança.

– Mas ele está sem roupa! Foi uma criança que disse, ele está nu!

– Ele está nu! – exclamou finalmente a multidão.

E um arrepio percorreu o imperador. Parecia-lhe que as pessoas tinham razão, mas refletiu consigo: "Devo aguentar firme até o fim da procissão". Endireitou-se altivamente e os camareiros o seguiram, segurando a cauda que não existia.

> **Camareiro:** pessoa que serve um rei em seus aposentos.
> **Pálio:** cobertura feita de seda, sustentada por varas.

Hans Christian Andersen. *Contos de Andersen*. São Paulo: Paulus, 1996. p. 129-132.

> Há muito tempo, os contos tradicionais eram contados oralmente ao público em praças, festas e ruas. Assim, eles foram passando de pais para filhos e sendo levados, por viajantes, de um lugar a outro.

Estudo do texto

1 Quem acompanhou o imperador até a sala dos falsos tecelões?

☐ Pessoas importantes do reino, incluindo os ministros.

☐ Dois ministros do reino.

a) O que o imperador fez após ver o tear vazio?
_____
_____

b) Por que ele fez isso?
_____
_____

c) O que as pessoas sugeriram que ele fizesse com a "nova roupa"?
_____
_____

2 Releia este trecho.

> "Vede, estas são as calças, esta é a casaca, esta é a capa! [...]. É tão leve como uma teia de aranha! Tem-se a impressão de não ter nada sobre o corpo, mas é justamente nisso que reside a virtude desta roupa."

a) De quem é essa fala?

☐ Dos ministros.   ☐ Dos falsos tecelões.

b) Que imagem representa melhor o que, de fato, aconteceu nesse trecho?

cento e noventa e três **193**

3 Muitas pessoas fingiram ver a roupa nova do imperador. Circule as palavras que foram utilizadas para indicar como era o traje.

| magnífico | feio | beleza perfeita |
| exagerado | bem talhado | invisível |

> **Palavras que caracterizam**
> Em muitas histórias, como nos contos tradicionais, aparecem palavras que ajudam os leitores a entender as características das pessoas e dos objetos.

4 Pinte as palavras utilizadas no texto para caracterizar os homens que fingiram fazer uma roupa nova para o imperador.

encantados   farsantes   impostores

velhos   tolos   vigaristas

5 Assinale o que aconteceu quando o imperador vestiu o traje.

☐ O imperador não viu a roupa, por isso ficou muito bravo com os tecelões.

☐ O imperador olhou-se no espelho e ficou ouvindo as pessoas elogiarem sua roupa.

6 Quando a procissão começou, o imperador saiu às ruas.

a) Inicialmente, como as pessoas reagiram diante do imperador em seu novo traje?

_____

_____

b) O que aconteceu para que elas mudassem de atitude?

_____

_____

7 Identifique algumas personagens do conto.

a) Era muito vaidoso e se preocupava apenas com suas roupas.

☐☐☐☐☐☐☐☐☐

b) Fingiram que eram tecelões.

☐☐☐☐☐☐☐☐☐☐☐

c) Fez o imperador ver a verdade sobre sua roupa.

☐☐☐☐☐☐☐☐

d) Não viram a roupa, mas disseram que a viram.

☐☐☐☐☐☐☐☐☐

8 Complete o quadro com as personagens citadas na atividade 7.

A ação dessa personagem ajudou o imperador.	_____
As ações dessas personagens prejudicaram o imperador.	_____

As ações das personagens

Nos contos tradicionais, as ações das personagens podem ajudar ou prejudicar a personagem principal.

O cotidiano na sala de aula

Na escola, convivem muitos alunos. Suas ações podem ajudar ou atrapalhar os outros colegas e os professores na rotina da sala de aula e na organização da classe.

- Que ações podem atrapalhar os colegas e o professor na realização das tarefas e na organização da classe?
- E que ações podem ajudá-los no dia a dia da escola?

Produção de texto

▌▌ Conto tradicional

Em grupo, vocês escreverão um novo final para um conto de Charles Perrault, um famoso autor de contos tradicionais. Depois, em um dia especial marcado pelo professor, vocês apresentarão o final que criaram para toda a classe, em uma roda de histórias.

Hora de planejar e escrever

1 Leiam o conto tradicional "Chapeuzinho Vermelho". Observem o final, pois ele talvez surpreenda vocês.

Chapeuzinho Vermelho

Era uma vez uma menina que vivia em uma aldeia e era a coisa mais linda que se podia imaginar. Sua mãe era louca por ela, e a avó mais louca ainda. A boa velhinha mandou fazer para ela um chapeuzinho vermelho, e esse chapéu lhe assentou tão bem que a menina passou a ser chamada por todo mundo de Chapeuzinho Vermelho.

Um dia sua mãe, tendo feito alguns bolos, disse-lhe: "Vá ver como está passando a sua avó, pois fiquei sabendo que ela está um pouco adoentada. Leve-lhe um bolo e este potezinho de manteiga". Chapeuzinho Vermelho partiu logo para a casa da avó, que morava numa aldeia vizinha. Ao atravessar a floresta, ela encontrou o Sr. Lobo, que ficou louco de vontade de comê-la; não ousou fazer isso, porém, por causa da presença de alguns lenhadores na floresta. Perguntou a ela aonde ia, e a pobre menina, que ignorava ser perigoso parar para conversar com um lobo, respondeu: "Vou à casa da minha avó para levar-lhe um bolo e um potezinho de manteiga que mamãe mandou". "Ela mora muito longe?", quis saber o lobo. "Mora, sim!", falou Chapeuzinho Vermelho. "Mora depois daquele moinho que se avista lá longe, muito longe, na primeira casa da aldeia". "Muito bem", disse o

Lobo, "eu também vou visitá-la. Eu sigo por este caminho aqui, e você por aquele lá. Vamos ver quem chega primeiro".

O Lobo saiu correndo a toda velocidade pelo caminho mais curto, enquanto a menina seguia pelo caminho mais longo, distraindo-se a colher avelãs, a correr atrás das borboletas e a fazer um buquê com as florezinhas que ia encontrando.

O Lobo não levou muito tempo para chegar à casa da avó. Ele bate: toc, toc. "Quem é?", pergunta a avó. "É a sua neta, Chapeuzinho Vermelho", falou o lobo disfarçando a voz. "Trouxe para a senhora um bolo e um potezinho de manteiga, que minha mãe mandou." A boa avozinha, que estava acamada porque não se sentia muito bem, gritou-lhe: "Levante a **aldraba** que o ferrolho sobe". O Lobo fez isso e a porta se abriu. Ele lançou-se sobre a boa mulher e a devorou num segundo, pois fazia mais de três dias que não comia. Em seguida, fechou a porta e se deitou na cama da avó, à espera de Chapeuzinho Vermelho. Passado algum tempo ela bateu à porta: toc, toc. "Quem é?". Chapeuzinho Vermelho, ao ouvir a voz grossa do Lobo, ficou com medo a princípio, mas, supondo que a avó estivesse rouca, respondeu: "É sua neta, Chapeuzinho Vermelho, que traz para a senhora um bolo e um potezinho de manteiga, que mamãe mandou". O Lobo gritou-lhe, adoçando um pouco a voz: "Levante a aldraba que o ferrolho sobe". Chapeuzinho Vermelho fez isso e a porta se abriu.

O Lobo, vendo-a entrar, disse-lhe, escondendo-se sob as cobertas: "Ponha o bolo e o potezinho de manteiga sobre a arca e venha deitar aqui comigo". Chapeuzinho Vermelho despiu-se e se meteu na cama, onde ficou muito admirada ao ver como a avó estava esquisita em seu traje de dormir. Disse a ela: "Vovó, como são grandes os seus braços!" "É para melhor te abraçar, minha filha!" "Vovó, como são grandes as suas pernas!" "É para poder correr melhor, minha netinha!" "Vovó, como são grandes as suas orelhas!" "É para ouvir melhor, netinha!" "Vovó, como são grandes os seus olhos!" "É para ver melhor, netinha!" "Vovó, como são grandes os seus dentes!" "É para te comer!" E assim dizendo, o malvado lobo atirou-se sobre Chapeuzinho Vermelho e a comeu.

Aldraba: pequena tranca.

Charles Perrault. *Contos de Perrault*. Belo Horizonte-Rio de Janeiro: Villa Rica, 1994. p. 51-55.

2 Criem outro final para a história. Ele deve ser diferente do final da versão de Perrault e da versão que vocês conhecem.

a) Releiam o último parágrafo que será modificado.

> O Lobo, vendo-a entrar, disse-lhe, escondendo-se sob as cobertas: "Ponha o bolo e o potezinho de manteiga sobre a arca e venha deitar aqui comigo". Chapeuzinho Vermelho despiu-se e se meteu na cama, onde ficou muito admirada ao ver como a avó estava esquisita em seu traje de dormir. Disse a ela: "Vovó, como são grandes os seus braços!" "É para melhor te abraçar, minha filha!" "Vovó, como são grandes as suas pernas!" "É para poder correr melhor, minha netinha!" "Vovó, como são grandes as suas orelhas!" "É para ouvir melhor, netinha!" "Vovó, como são grandes os seus olhos!" "É para ver melhor, netinha!" "Vovó, como são grandes os seus dentes!" "É para te comer!" E assim dizendo, o malvado lobo atirou-se sobre Chapeuzinho Vermelho e a comeu.

Estúdio Mil/ID/BR

b) Inventem uma nova personagem para a história. Quem será essa personagem?
_____

c) Que palavras serão utilizadas para caracterizar a nova personagem?
_____

d) Quem a nova personagem vai ajudar?
☐ Vovó.   ☐ Chapeuzinho Vermelho.   ☐ Lobo.

e) Como a nova personagem vai fazer isso?
_____
_____

f) Quem a nova personagem vai prejudicar?
☐ Vovó.   ☐ Chapeuzinho Vermelho.   ☐ Lobo.

g) Como a nova personagem vai fazer isso?
_____
_____

198 cento e noventa e oito

3. Escrevam o novo final da história em uma folha avulsa.

4. Desenhem o novo final da história criado por vocês.

Hora de avaliar

1. Troquem o texto produzido por vocês com o de outro grupo.

2. Leiam e avaliem o novo final elaborado pelos colegas. As perguntas a seguir podem ajudá-los.

	Sim	Não
O final da história é diferente da versão de Perrault?		
Foi incluída uma nova personagem?		
A nova personagem foi caracterizada adequadamente?		
A nova personagem ajuda outra personagem?		
A nova personagem prejudica outra personagem?		
O desenho ajuda a entender o final da história?		

Hora de reescrever

1. Leiam a avaliação feita pelo outro grupo.

2. Releiam o texto de vocês e avaliem se ele necessita de alterações.

3. Observem o desenho e decidam se é preciso fazer modificações.

4. Passem o texto e o desenho a limpo em uma folha avulsa.

Estudo da escrita

▌▌ Sons nasais

1 Leia este texto.

O barulho do tempo

Ter febre é muito bom, porque minha mãe me deixa ficar segurando o relógio dela.

Ela chega perto de mim, passa a mão na minha testa, faz uma cara esquisita, não sei se preocupada ou assustada, e vai buscar o termômetro.

Fica me olhando, não sei se preocupada ou assustada, e começa a sacudir o termômetro, igualzinho quando a gente molha as mãos e não tem toalha para enxugar.

Levanta meu braço e eu começo a dizer que não quero, não gosto, não deixo, não preciso.

Ela insiste, eu também.

Então, ela tem aquela boa ideia de sempre e me diz: "Olha, Fabiano, são só cinco minutos. Se você ficar quietinho, pode até marcar o tempo no relógio".

Meus olhos brilham, enquanto ela vai tirando o relógio do braço. "Olha, o ponteiro está aqui, tá vendo? Você pode ficar vigiando. Quando ele chegar nesse outro número, aqui pertinho, pode tirar."

[...]

Vivina de Assis Viana. *O barulho do tempo*. São Paulo: Scipione, 2006. p. 5-9.

■ Por que o menino gostava de ter febre?

_____

_____

200 duzentos

2 Releia, em voz alta, dois trechos do texto.

"Ela chega perto de **mim**, passa a **mão** na minha testa"

"Meus olhos **brilham**, enquanto ela vai tirando o relógio do braço."

a) O som final das palavras **mim** e **mão** é:

☐ igual.   ☐ diferente.

b) O som final da palavra **brilham** é igual ao som final de:

☐ mi**m**.   ☐ m**ão**.

c) Circule as palavras com a mesma terminação de **brilham**.

| BOM | são | termômetro | MÃE |
| não | quando | CINCO | também |

d) Pinte as palavras do texto que têm o mesmo som final da palavra **mão**.

| febre | bom | não |
| também | são | mim |

3 Numere as imagens de acordo com as palavras correspondentes.

1 PUDIM   **2** BOMBOM   **3** DANÇAM   **4** BALÃO

M e ão no final de palavras

Algumas palavras da língua portuguesa podem terminar com **m** ou **ão**. Exemplos: can**ão**, cora**ão**, canta**m**, vive**m**, assi**m**, bo**m**, atu**m**.

Atividades

1 Leia este texto.

Qual o sabor da lua?

Há muito tempo os bichos já queriam descobrir qual o sabor da lua. Seria doce? Ou seria salgada? Desejavam provar apenas um pedacinho dela. De noite, ficavam olhando para o céu, ansiosos. Espichavam e esticavam o pescoço, as pernas e os braços, mas nem mesmo o maior deles conseguia tocar a lua.

Certo dia, a pequena tartaruga decidiu escalar a montanha mais alta e lá de cima tocar a lua.

No topo da montanha, a lua ficava bem mais próxima, mas mesmo assim a tartaruga não conseguiu alcançar a lua.

[...]

Michael Grejniec. *Qual o sabor da lua?* São Paulo: Brinque-Book, 2007. p. 4-7.

a) O que os bichos queriam descobrir?

☐ O gosto da lua. ☐ O tamanho da lua.

b) Que animal tentou tocar a lua do alto de uma montanha?

_____

c) Destaque as palavras da página 251 e cole-as nos espaços correspondentes para completar o trecho.

Há muito tempo os bichos já ☐☐☐☐ descobrir qual o

sabor da lua. Seria doce? Ou seria salgada? ☐☐☐☐

provar apenas ☐☐☐☐ pedacinho dela. De noite,

☐☐☐☐ olhando para o céu, ansiosos.

d) As palavras coladas apresentam:

☐ a letra **n** no final. ☐ a letra **m** no final.

202 duzentos e dois

2 Leia a primeira estrofe deste poema.

Jacaré lava o pé

O jacaré esfrega o pé
com água e sabão.
Enxágua e repete
trinta vezes a operação.
Se acha uma craquinha,
começa tudo outra vez.
Imagine a conta d'água
no fim do mês!
[...]

Eloí Elizabet Bocheco. Revista *Agulha*.
Disponível em: <http://www.revista.agulha.nom.br/>. Acesso em: 26 ago. 2011.

a) O que o jacaré usa para lavar o pé?

_____

b) Circule no poema as palavras que têm o mesmo som final da palavra **não**.

3 Escreva o nome de cada animal e circule o que tem som final **ão**.

_____   _____   _____

4 Encontre no diagrama cinco palavras terminadas com **m**.

```
B E M Q B N G M B K T P R Y K H A T U M
Z W Q P O D J H W P I N G U I M X B C K
M O N B I S O M T A N E Ã O R Y H C X I
A P B Q Y E S P I C H A V A M B M L S Ç
```

duzentos e três **203**

Descubra como...

Escrever um diálogo em tiras

Em um texto, as falas das personagens podem ser apresentadas com aspas ou travessão. Agora, veja como as falas das personagens aparecem nas tiras.

1 Leia a tira abaixo.

> **Quadro 1:** JÁ PENSOU SE HOUVESSE UM REMÉDIO QUE FOSSE CURA PRA TUDO?
>
> **Quadro 2:** NÃO DÁ, MALUQUINHO!
>
> **Quadro 3:** SERIA UM COMPRIMIDO ENORME! NÃO DAVA PRA ENGOLIR!

Ziraldo. *O Menino Maluquinho*. Disponível em: <http://www.meninomaluquinho.com.br>. Acesso em: 26 ago. 2011.

a) De acordo com Bocão, por que um remédio para curar tudo não daria certo?

☐ Porque seria um comprimido muito caro.

☐ Porque o comprimido seria muito grande para ser engolido.

b) Ao observar a tira, é possível encontrar:

☐ imagens e palavras escritas.

☐ apenas palavras escritas.

c) Indique as falas de cada personagem, usando o código.

| MM | Menino Maluquinho | | BC | Bocão |

☐ Já pensou se houvesse um remédio que fosse cura pra tudo?

☐ Não dá, Maluquinho!

☐ Seria um comprimido enorme! Não dava pra engolir!

d) Na tira, a fala de cada personagem é indicada por:

☐ travessão. ☐ aspas. ☐ balão de fala.

204 duzentos e quatro

2 Leia outra tira.

> FRANJINHA! JÁ FALEI PRA VOCÊ... LUGAR DE CACHORRO DORMIR É LÁ FORA!
>
> Z
>
> VOCÊ NÃO ENTENDEU DIREITO!

Mauricio de Sousa. Disponível em: <http://www.monica.com.br>.
Acesso em: 26 ago. 2011.

a) Observe o rosto da mãe do Franjinha no primeiro quadro. Ela está:

☐ calma.   ☐ triste.   ☐ brava.

b) O que a mãe do Franjinha queria?

☐ Que o Franjinha fosse dormir no quintal, e Bidu ficasse na cama.

☐ Que Bidu fosse dormir no quintal, e o Franjinha ficasse na cama.

3 Releia um trecho do conto "A roupa nova do imperador".

> "A multidão nas ruas e nas janelas dizia:
> – Céus! O novo traje do imperador é incomparável! [...]
> – Mas ele está sem roupa! – exclamou uma criança."

■ Como esse trecho seria representado em uma tira? Escreva as falas nos balões.

duzentos e cinco **205**

Antes de continuar

1 Leia um trecho deste conto tradicional.

João e Maria

Era uma vez um lenhador pobre que gostava muito de seus filhos, João e Maria. Depois que a mãe das crianças morreu, ele se casou novamente, mas sua segunda mulher não era nem um pouco apegada às crianças.

Os quatro moravam numa casinha perto da floresta e passavam dificuldades. Muitas vezes, mal tinham o que comer.

Uma noite, o lenhador conversava com a mulher sobre seus problemas quando ela falou:

– Amanhã vamos deixar os dois na floresta num lugar bem distante, com um pedaço de pão cada um.

O homem horrorizou-se com a ideia de abandonar os filhos, mas ela falou até convencê-lo de que talvez eles fossem encontrados por alguém com mais condições de criá-los.

De seu quarto, João e Maria ouviam tudo.

Maria começou a chorar e João acalmou-a dizendo:

– Não se aflija. Vou pensar em alguma coisa.

[...]

Dulcy Grisolia. *João e Maria*. São Paulo: FTD, 2000. p. 3-4.

a) Qual expressão inicia a história?

_____

b) Essa expressão é utilizada no texto para indicar que a história:

☐ aconteceu em um lugar distante.

☐ aconteceu em um tempo antigo e desconhecido.

2 Nos contos tradicionais, é comum haver personagens que prejudicam as outras.

a) Qual personagem prejudica João e Maria nesse conto?

_____

b) O que ela faz para João e Maria?

_____

3 Marque no texto as falas das personagens. Siga as orientações.

— Um traço embaixo da fala da mulher do lenhador.

= Dois traços embaixo da fala de João.

- O que foi utilizado para indicar o diálogo no texto?

☐ Balões. ☐ Aspas. ☐ Travessão.

4 Circule as palavras com o mesmo som final de **ouviam**.

novamente	passavam	Maria	MULHER
alguém	CRIANÇAS	distante	fossem
ANDAVAM	condições	problemas	tinham

5 Leia esta tira.

a) Qual é a história que a mãe da Magali está lendo?

☐ "A roupa nova do imperador"

☐ "João e Maria"

☐ "Chapeuzinho Vermelho"

b) A fala da mãe de Magali aparece na tira pelo uso de:

☐ balões.

☐ aspas.

☐ travessão.

c) Por que Magali começou a chorar no terceiro quadrinho?

☐ Porque ela tem medo da bruxa.

☐ Porque João e Maria não puderam comer os doces.

Mauricio de Sousa. *Magali*, abr. 2010.

duzentos e sete **207**

8 Aprendendo com os animais

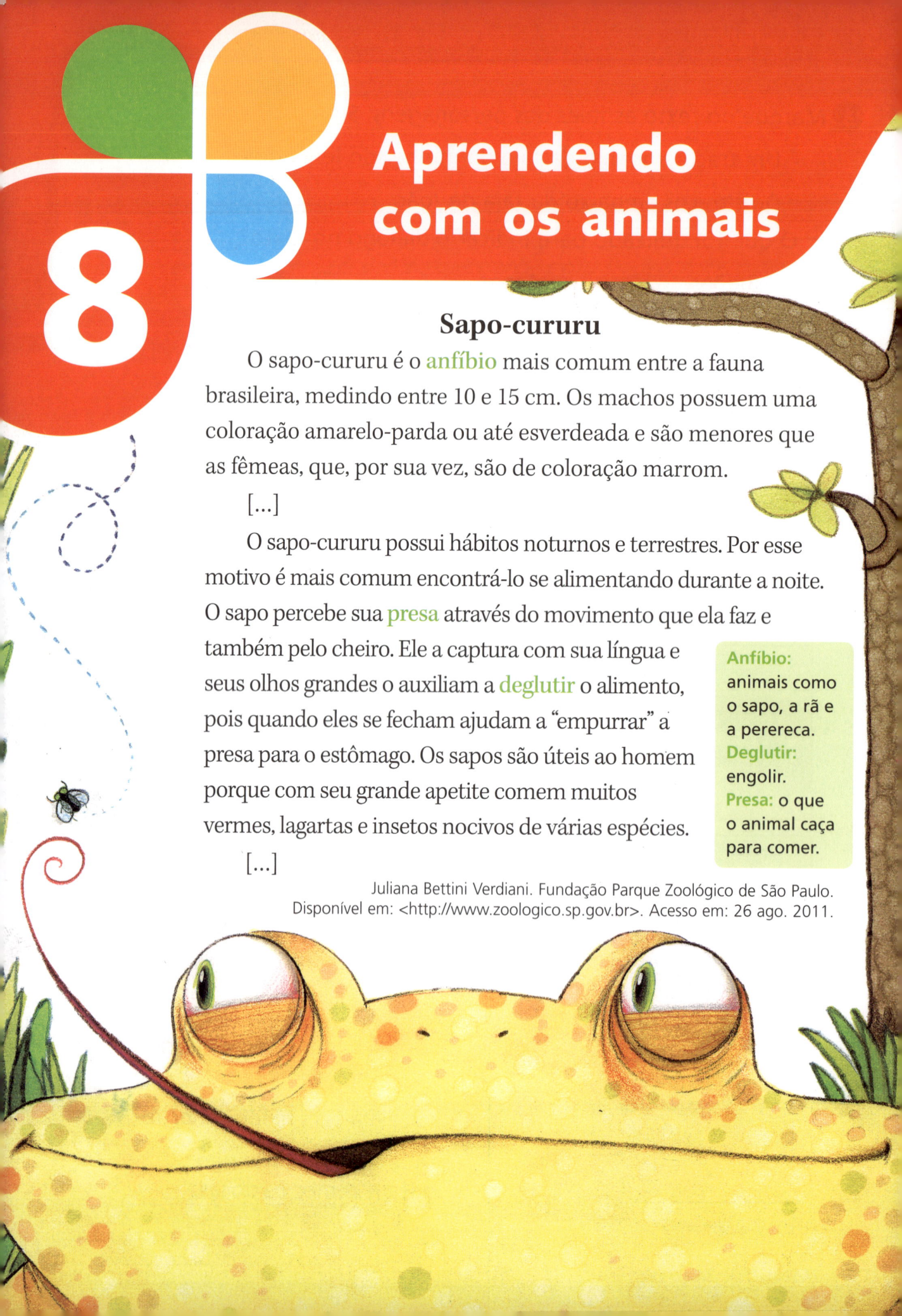

Sapo-cururu

O sapo-cururu é o anfíbio mais comum entre a fauna brasileira, medindo entre 10 e 15 cm. Os machos possuem uma coloração amarelo-parda ou até esverdeada e são menores que as fêmeas, que, por sua vez, são de coloração marrom.

[...]

O sapo-cururu possui hábitos noturnos e terrestres. Por esse motivo é mais comum encontrá-lo se alimentando durante a noite. O sapo percebe sua presa através do movimento que ela faz e também pelo cheiro. Ele a captura com sua língua e seus olhos grandes o auxiliam a deglutir o alimento, pois quando eles se fecham ajudam a "empurrar" a presa para o estômago. Os sapos são úteis ao homem porque com seu grande apetite comem muitos vermes, lagartas e insetos nocivos de várias espécies.

[...]

Juliana Bettini Verdiani. Fundação Parque Zoológico de São Paulo.
Disponível em: <http://www.zoologico.sp.gov.br>. Acesso em: 26 ago. 2011.

> **Anfíbio:** animais como o sapo, a rã e a perereca.
> **Deglutir:** engolir.
> **Presa:** o que o animal caça para comer.

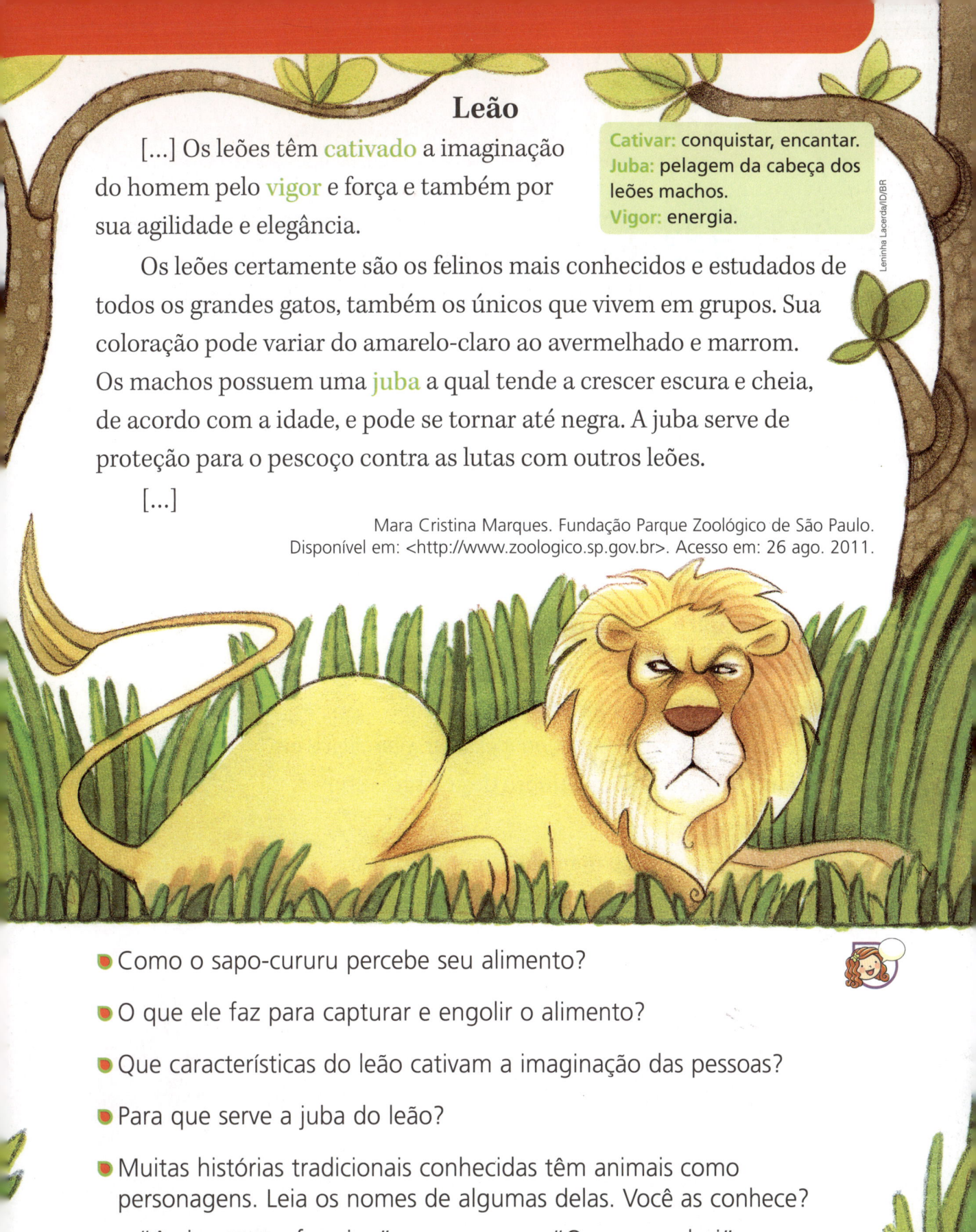

Leão

[...] Os leões têm cativado a imaginação do homem pelo vigor e força e também por sua agilidade e elegância.

> **Cativar:** conquistar, encantar.
> **Juba:** pelagem da cabeça dos leões machos.
> **Vigor:** energia.

Os leões certamente são os felinos mais conhecidos e estudados de todos os grandes gatos, também os únicos que vivem em grupos. Sua coloração pode variar do amarelo-claro ao avermelhado e marrom. Os machos possuem uma juba a qual tende a crescer escura e cheia, de acordo com a idade, e pode se tornar até negra. A juba serve de proteção para o pescoço contra as lutas com outros leões.

[...]

Mara Cristina Marques. Fundação Parque Zoológico de São Paulo.
Disponível em: <http://www.zoologico.sp.gov.br>. Acesso em: 26 ago. 2011.

- Como o sapo-cururu percebe seu alimento?
- O que ele faz para capturar e engolir o alimento?
- Que características do leão cativam a imaginação das pessoas?
- Para que serve a juba do leão?
- Muitas histórias tradicionais conhecidas têm animais como personagens. Leia os nomes de algumas delas. Você as conhece?
    - "A cigarra e a formiga"
    - "A raposa e as uvas"
    - "O burro e o cachorrinho"
    - "O sapo e o boi"
    - "A lebre e a tartaruga"
    - "A raposa e a cegonha"

Leitura 1

Nas fábulas as personagens são animais. Nelas, os animais agem como se fossem pessoas, podendo até conversar entre si.

As personagens principais das fábulas a seguir são um sapo, um boi, um burro e um cachorrinho.

O que você imagina que pode acontecer com essas personagens?

O sapo e o boi

Há muito, muito tempo existiu um boi imponente. Um dia o boi estava dando seu passeio da tarde quando um pobre sapo todo malvestido olhou para ele e ficou maravilhado. Cheio de inveja daquele boi que parecia o dono do mundo, o sapo chamou os amigos.

– Olhem só o tamanho do sujeito! Até que ele é elegante, mas grande coisa: se eu quisesse também era.

Dizendo isso o sapo começou a estufar a barriga e em pouco tempo já estava com o dobro de seu tamanho normal.

– Já estou grande que nem ele? – perguntou aos outros sapos.

– Não, ainda está longe! – responderam os amigos.

O sapo se estufou mais um pouco e repetiu a pergunta.

– Não – disseram de novo os outros sapos –, e é melhor você parar com isso porque senão vai acabar se machucando.

Mas era tanta a vontade do sapo de imitar o boi que ele continuou se estufando, estufando, estufando – até estourar.

Moral: *Seja sempre você mesmo.*

Imponente: grandioso, magnífico.

Esopo. *Fábulas de Esopo.* São Paulo: Companhia das Letrinhas, 1994. p. 14.

O burro e o cachorrinho

Um homem tinha um burro e um cachorrinho. O cachorro era muito bem cuidado por seu dono, que brincava com ele, deixava que dormisse no seu colo e sempre que saía para um jantar voltava trazendo alguma coisa boa para ele. O burro também era muito bem cuidado por seu dono. Tinha um estábulo confortável, ganhava muito feno e muita aveia, mas em compensação tinha que trabalhar no moinho moendo trigo e carregar cargas pesadas do campo para o paiol. Sempre que pensava na vida boa do cachorrinho, que só se divertia e não era obrigado a fazer nada, o burro se chateava com a trabalheira que ficava por conta dele.

"Quem sabe se eu fizer tudo o que o cachorro faz nosso dono me trata do mesmo jeito?", pensou ele.

Paiol: depósito de cereais.

Pensou e fez. Um belo dia soltou-se do estábulo e entrou na casa do dono saltitando como tinha visto o cachorro fazer. Só que, como era um animal grande e atrapalhado, acabou derrubando a mesa e quebrando a louça toda. Quando tentou pular para o colo do dono, os empregados acharam que ele estava querendo matar o patrão e começaram a bater nele com varas até ele fugir da casa correndo. Mais tarde, todo dolorido em seu estábulo, o burro pensava: "Pronto, me dei mal. Mas bem que eu merecia. Por que não fiquei contente com o que sou em vez de tentar copiar as palhaçadas daquele cachorrinho?".

Moral: É burrice tentar ser uma coisa que não se é.

Esopo. *Fábulas de Esopo*. São Paulo: Companhia das Letrinhas, 1994. p. 42.

Esopo é considerado o autor das primeiras fábulas. Não se sabe ao certo se ele existiu, mas se diz que era um escravo grego e que escreveu suas histórias há mais de 2 500 anos.

duzentos e onze **211**

Estudo do texto

1 Responda às questões sobre a fábula "O sapo e o boi".

a) Quais são as características de cada personagem? Complete as frases com as palavras dos quadros.

| imponente | malvestido | elegante | pobre |

O sapo era _____ e _____.
O boi era _____ e _____.

b) O sapo tentou imitar o boi porque:

☐ admirava o boi e queria ser seu amigo.

☐ tinha inveja do boi e queria ser como ele.

c) O que o sapo fez para imitar o boi?

_____
_____

d) Que conselho os outros sapos deram a ele?

_____
_____

As personagens

As personagens das fábulas, em geral, são animais que têm modos de ser e de agir semelhantes aos dos seres humanos.

2 Qual imagem representa o final da história "O sapo e o boi"?

212 duzentos e doze

3 Qual é o sentido da frase "Seja sempre você mesmo"?

☐ Devemos ter inveja dos outros e tentar imitá-los.

☐ Não devemos ter inveja dos outros nem tentar ser como eles.

4 Releia a fábula "O burro e o cachorrinho" e responda às perguntas.

a) Por que o burro ficava chateado?

_____

_____

b) O que o burro decidiu fazer para mudar essa situação?

_____

_____

c) Assinale o que aconteceu com o burro depois dessa atitude.

☐　　　　　　　　　　　　　　　☐

d) Complete a frase com uma das palavras dos quadros.

| parecidas | diferentes |

O burro jamais poderia ser como o cachorro porque eles são animais que têm características _____.

e) O que o burro pensou no final da história?

☐ Que ele deveria ficar contente por ser como era.

☐ Que ele deveria ficar triste por ser como era.

Brinque-Book conta fábulas: o papagaio bondoso e outras histórias, de Bob Hartman, editora Brinque-Book.
Esse livro apresenta fábulas de diferentes países.

duzentos e treze **213**

Estudo da língua

▌ Acentuação

1 Leia em voz alta esta parlenda.

> Uni duni **tê**
> **Salamê**, **minguê**
> Um sorvete **colorê**
> O escolhido foi **você**.
>
> Domínio público.

a) Circule a sílaba pronunciada com mais intensidade nas palavras.

TÊ   **SA-LA-MÊ**   **MIN-GUÊ**   **CO-LO-RÊ**   **VO-CÊ**

b) Pinte o sinal que indica a sílaba falada com mais intensidade.

c) Esse sinal foi colocado sobre:

☐ vogais.   ☐ consoantes.

Acento gráfico

Algumas palavras recebem um sinal gráfico na sílaba falada com mais intensidade.

2 Compare.

vo**vó**

a) O som da sílaba destacada em cada palavra é:

☐ igual.   ☐ diferente.

vo**vô**

b) O sinal gráfico utilizado em cada palavra é:

☐ igual.   ☐ diferente.

Acento agudo e acento circunflexo

Os sinais gráficos podem indicar sons abertos ou fechados. O acento agudo (´) indica sons abertos: pá, café, vovó. O acento circunflexo (^) indica sons fechados: pêssego, vovô.

Atividades

1 Leia o seguinte poema.

O Tatá e o Tatu

Quando o Tatá não tá
O Tatu toma o seu lugar.

Quando o Tatá tá
O Tatá e o Tatu tomam chá.

Almir Correia. *Poemas para enrolar a língua*. São Paulo: Nova Alexandria, 2006. p. 8-9.

a) O que fazem o Tatá e o Tatu juntos?

_____

b) Observe a palavra abaixo e pinte a sílaba pronunciada com mais intensidade.

Tatá

c) Circule, no texto, as palavras que apresentam o sinal gráfico (').

2 Leia as palavras do quadro.

fós-fo-ro	mês	ci-pó	ô-ni-bus
tê-nis	ca-fé	mé-di-co	Mô-ni-ca

a) Circule, em cada palavra, a sílaba pronunciada com mais intensidade.

b) Pinte o acento gráfico que aparece nessas sílabas.

c) Complete o quadro com essas palavras, unindo as sílabas.

Som aberto como em **vovó**	Som fechado como em **vovô**

duzentos e quinze **215**

Leitura 2

As fábulas podem ser escritas de várias maneiras. Jean de La Fontaine foi um autor que reescreveu as histórias de Esopo de um modo diferente.

■ Você vai ler uma fábula de La Fontaine. Mesmo sem ler o texto, é possível perceber diferenças entre ele e as fábulas de Esopo? Quais?

O Leão e o Rato

Ao deixar seu buraquinho,
viu-se o pobre do Ratinho
entre as patas do Leão.
Levou um susto sem nome.
Acontece que o felino,
talvez por não estar com fome,
não quis o Rato matar.

Gesto que não foi em vão.
Quem iria imaginar
que um simples rato pudesse
um dia o Leão salvar?

Pois é isso que acontece!
Pensando em matar a sede,
o Leão buscava o rio
quando caiu numa rede.

O bicho ficou bravio
e embora se debatesse
não lograva se livrar.

Chegou o Ratinho, então,
roeu os fios da rede
e libertou o Leão.

*Pode alguém que a gente ajude
um dia nos dar a mão.
Dá até lucro a virtude!*

La Fontaine. *Fábulas*. Trad. Ferreira Gullar. Rio de Janeiro: Revan, 2002. p. 26-28.

Bravio: feroz.
Lograr: conseguir.

Jean de La Fontaine foi um autor francês que, há muito tempo, reescreveu as fábulas de Esopo. Seu primeiro livro, publicado em 1668, chamou-se *Fábulas escolhidas*.

Estudo do texto

1 As personagens dessa história são:

☐ pessoas comuns.

☐ pessoas e animais.

☐ animais que se comportam como pessoas.

2 Numere as ações na ordem em que elas aconteceram na história.

☐ O Leão foi procurar o rio.

☐ O Ratinho se viu entre as patas do Leão.

☐ O Ratinho roeu os fios da rede e salvou o Leão.

☐ O Leão não comeu o Ratinho.

☐ O Leão ficou preso em uma rede.

3 Por que o Leão decidiu não comer o Ratinho?

_____

4 O que o Ratinho fez para salvar o Leão? Desenhe.

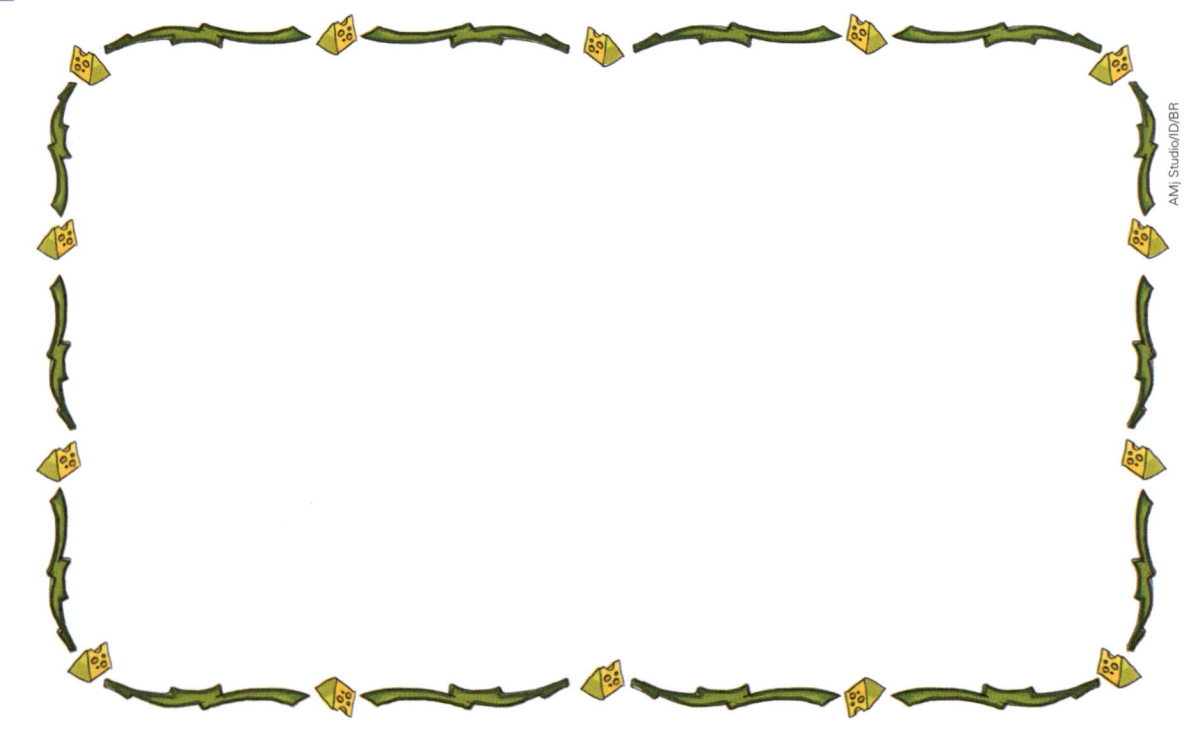

218 duzentos e dezoito

5 Observe como os espaços destas páginas são ocupados.

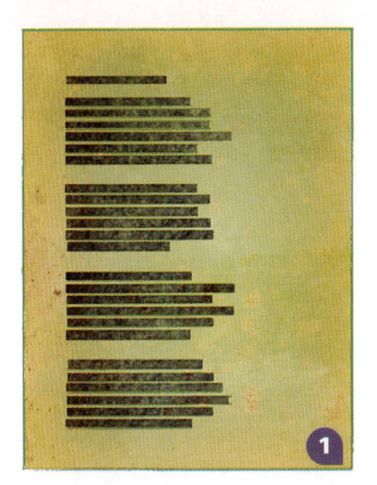

- Qual delas poderia representar a fábula de La Fontaine?

  ☐ A página 1.   ☐ A página 2.

6 Releia este trecho.

> "Pode alguém que a gente ajude
> um dia nos dar a mão."

- O que ele quer dizer?

  ☐ Se ajudarmos as pessoas, não receberemos ajuda.

  ☐ Não devemos ajudar as pessoas.

  ☐ Quem ajudamos poderá nos ajudar.

A moral das fábulas

As fábulas procuram ensinar algo às pessoas. Esse ensinamento costuma ser apresentado em uma frase final, a moral.

Conviver com os amigos

As fábulas procuram ensinar as pessoas a conviver melhor. Na escola, nós também podemos aprender com nossos colegas e ajudá-los a aprender.

- O que você já aprendeu com um colega de sua sala?
- Você já ensinou algo a um colega? O quê?

duzentos e dezenove **219**

Produção de texto

▌▌ Fábula

Em grupo, você e seus colegas escreverão uma fábula. Depois, em um dia marcado pelo professor, seus textos serão apresentados a toda a turma em uma roda de histórias.

Hora de planejar e escrever

1 Releiam as fábulas apresentadas nas páginas 210 e 211.

2 Escolham o ensinamento que aparecerá na fábula do seu grupo.

- ☐ Quem tudo quer nada tem.
- ☐ Devagar se vai longe.
- ☐ Quando um não quer, dois não brigam.
- ☐ Outra ideia pensada pelo grupo: _____

3 Com base nas fábulas lidas, definam os elementos de sua história.

> **Lembre-se**
> **Moral nas fábulas**
> A leitura das fábulas ajuda as pessoas a aprender algo sobre a convivência com os outros. O ensinamento das fábulas aparece no final do texto e é chamado de **moral**.

- Escolham duas personagens para sua fábula.

☐ raposa    ☐ galo    ☐ macaco

☐ coelho    ☐ urso    ☐ formiga

Ilustrações: AMj Studio/ID/BR

220 duzentos e vinte

4 Quais serão as características dessas personagens?

Animal	
Características (virtudes e defeitos)	

Animal	
Características (virtudes e defeitos)	

5 Definam os fatos da história.

a) O que acontecerá com as personagens?

☐ As duas personagens se envolverão em uma briga.

☐ Uma personagem devorará a outra.

☐ Uma das personagens estará em perigo.

☐ Outra ideia pensada pelo grupo: _____

> **Lembre-se**
> **As personagens**
> Nas fábulas, os animais têm diferentes características e agem como se fossem humanos.

b) Como essa situação será resolvida?

_____
_____
_____

6 Escrevam o título de sua história, colocando nele as personagens principais.

_____

7 Qual será o desenho que acompanhará o texto? Anotem suas ideias.

_____
_____

duzentos e vinte e um **221**

8 Reúnam todas as informações dos itens de 1 a 6 e organizem o texto.

Título: _____

_____
_____
_____
_____
_____
_____
_____
_____
_____
_____
_____
_____
_____
_____
_____

Moral: _____

_____
_____
_____
_____

9 Façam uma ilustração para a fábula, a partir das ideias do item 7.

Hora de avaliar

1 Troquem o texto produzido por vocês com o de outro grupo.

2 Leiam e avaliem a fábula dos colegas. Este quadro poderá ajudá-los nessa tarefa.

	Sim	Não
O título apresenta as personagens principais?		
As personagens são dois animais e agem como humanos?		
Os animais escolhidos são adequados para as virtudes e defeitos que representam?		
A fábula apresenta um ensinamento?		
A ilustração ajuda o leitor a compreender a história?		

3 Vocês têm sugestões para a produção do outro grupo? Quais?

_____

_____

Hora de reescrever

1 Após receber o texto com as anotações dos colegas, leiam a avaliação e as sugestões.

2 Verifiquem se é necessário fazer alterações no texto de vocês e reescrevam a fábula em uma folha avulsa.

duzentos e vinte e três **223**

Estudo da escrita

▌▌ Encontros consonantais

1 Leia o trecho de uma história.

O duende da ponte

Hoje era o primeiro dia de aula e Teo não queria se atrasar.

Engoliu o café da manhã, pegou a mochila e despediu-se de sua mãe com um beijo.

– Tenha um bom dia – ela falou –, e cuidado com o duende.

– Sim, mamãe – respondeu Teo.

Ele atravessou o campo, subiu o morro e desceu pelo longo caminho. Quando chegou na ponte, parou e olhou em volta.

No momento em que Teo pisou na madeira apodrecida da ponte, um duende medonho e terrível saltou à sua frente.

– Esta ponte é MINHA! – rosnou o duende.

– Mas eu preciso atravessar a ponte para ir à escola – disse Teo.

[...]

– Espere! – disse o duende, pulando à frente de Teo. – Esta ponte é MINHA e tem pedágio. Você tem de pagar um centavo para cruzá-la. [...]

– Tenho uma ideia – disse Teo. – Vamos brincar de adivinha. Se você responder certo, eu não atravesso a ponte. Mas, se eu responder, atravesso de graça hoje.

[...]

Patricia Rae Wolff. *O duende da ponte*. São Paulo: Brinque-Book, 1999. s/p.

a) Que conselho a mãe de Teo deu a ele?

_____

_____

b) O que aconteceu quando Teo tentou cruzar a ponte?

_____

224 duzentos e vinte e quatro

2 Releia a primeira frase do texto.

> "Hoje era o primeiro dia de aula e Teo não queria se atrasar."

- Encontre na frase uma palavra com **tr** e uma palavra com **pr**.

_____

3 Leia em voz alta algumas palavras do texto.

APO**DR**ECIDA
A**TR**AVESSAR
GRAÇA
CRUZAR

a) Como as letras destacadas dessas palavras são pronunciadas?

☐ Cada letra destacada representa um som.

☐ As duas letras destacadas representam apenas um som.

b) As letras em destaque nessas palavras são:

☐ consoantes.

☐ vogais.

4 Observe a separação das sílabas dessas palavras.

| A | PO | **DR**E | CI | DA |
| A | **TR**A | VES | SAR |

| **GR**A | ÇA |
| **CR**U | ZAR |

- É possível observar que as letras em destaque estão:

☐ em sílabas diferentes da palavra.

☐ em uma mesma sílaba da palavra.

> **Encontros consonantais**
> O encontro de duas letras consoantes pronunciadas separadamente em uma mesma sílaba recebe o nome de encontro consonantal. Exemplo: pa-la-**vr**a, bi-ci-**cl**e-ta, **pr**e-go.

duzentos e vinte e cinco **225**

Atividades

1 Leia o texto a seguir.

Sebastião e Danilo

Sebastião era um sapo. Danilo era um grilo. Simples assim.

Enquanto no resto do mundo os sapos comiam os grilos e os grilos fugiam dos sapos, os dois viviam muito bem, obrigado, e eram felizes.

A verdade é que Sebastião e Danilo eram amigos com muitas coisas em comum. Os dois eram verdes. Os dois viviam saltando. Os dois adoravam plantas de folhas largas. Os dois viviam na beira da mesma lagoa. Os dois adoravam cantar à noite.

Aliás, foi essa história de soltar a voz que fez os dois ficarem famosos.

Em noite de lua clara, vinha a bicharada toda para ouvir a cantoria. A coruja lá no alto da árvore, os peixinhos dentro da lagoa. Os bois bem grandes e fortes, os mosquitinhos pequenininhos. A lesma bem devagar e os coelhinhos correndo, correndo. [...]

Maurilo Andreas. Revista *Nova Escola*, São Paulo, Abril, nov. 2008, p. 104.

a) Circule o trecho do texto que apresenta as características comuns de Sebastião e Danilo.

b) O que fez os dois amigos ficarem famosos.

_____

_____

c) Complete as frases de acordo com as informações do texto.

Os adoravam _____ de folhas largas.

Em noite de 🌙 _____ , vinha a bicharada toda para ouvir a cantoria.

A coruja lá no alto da árvore, os 🐟 _____ da lagoa.

d) Nas palavras que você escreveu, pinte o encontro de duas consoantes na mesma sílaba.

2 Releia este trecho.

> "Sebastião era um sapo. Danilo era um grilo. Simples assim.
> Enquanto no resto do mundo os sapos comiam os grilos e os grilos fugiam dos sapos, os dois viviam muito bem, obrigado, e eram felizes."

a) Que animais eram Sebastião e Danilo? Desenhe e escreva.

	Sebastião	Danilo
Desenho do animal		
Nome do animal	_____	_____

b) Qual desses nomes de animal apresenta, na mesma sílaba, duas consoantes juntas, com sons diferentes? Circule.

3 Observe as palavras do quadro.

BOIS	tigre	coelhinhos	SAPOS	coruja
cavalos	lesma	gatos	RATOS	
MOSQUITINHOS	peixinhos	pintinhos	zebra	
beija-flor	URSO	canguru	crocodilo	

a) Circule os nomes dos animais que gostavam de ouvir a cantoria de Sebastião e Danilo.

b) Complete os quadros com os nomes dos animais acima que apresentam os encontros consonantais indicados.

Nome com **cr** _____   Nome com **gr** _____

duzentos e vinte e sete **227**

Descubra como...

Fazer uma ficha de leitura

Uma maneira de organizar dados sobre a leitura de um texto é fazer uma ficha de leitura. Nas próximas atividades será possível descobrir como registrar informações de um texto para futuras consultas.

1 Observe a capa do livro ao lado.

a) Qual é o título desse livro?

_____

_____

b) Qual é o nome da pessoa que escreveu esse livro?

_____

_____

c) Qual é o nome da editora que publicou esse livro? Circule.

d) Descreva as personagens que aparecem na capa do livro.

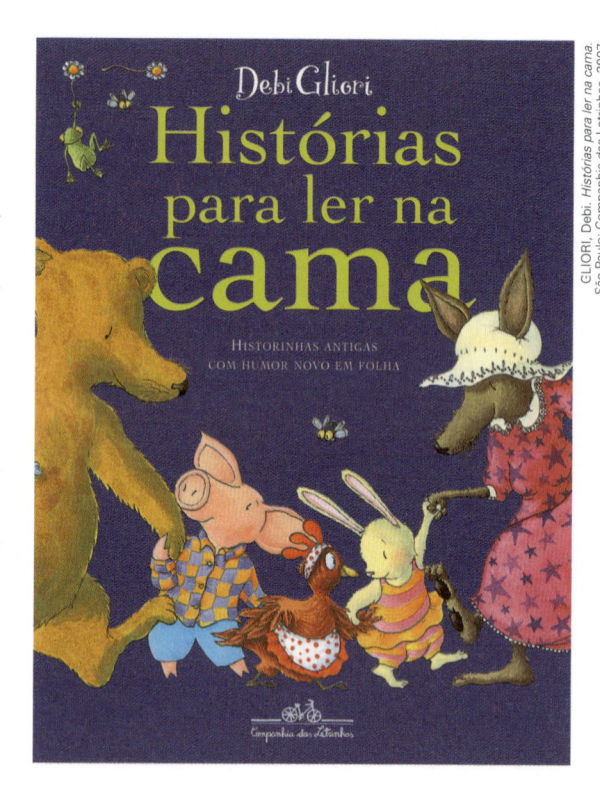

_____

_____

_____

_____

e) Leia esta frase:

> HISTORINHAS ANTIGAS
> COM HUMOR NOVO EM FOLHA

GLIORI, Debi. *Histórias para ler na cama*. São Paulo: Companhia das Letrinhas, 2007.

f) Que histórias você imagina que esse livro possa ter?

_____

_____

228 duzentos e vinte e oito

2 Agora, leia um trecho de um dos textos desse livro.

A lebre e o jabuti

"Levante-se e ande,
pra você já era",
anuncia a lebre
para o jabuti.

"Você é barrigudo,
tem megatraseiro
e numa corrida
eu chego primeiro."

O jabuti, calmo,
bem calmo, repito,
abre a sua boca
e engole um mosquito.

"Fui desafiado
para uma corrida?
Vou vestir o abrigo,
já venho, querida!"
[...]

Debi Gliori. *Histórias para ler na cama*. São Paulo: Companhia das Letrinhas, 2007. p. 40-41.

- Qual destes comentários está relacionado ao texto lido? Pinte-o.

> O poema conta a história de uma lebre e de um jabuti que apostam uma corrida.

> O texto é engraçado e apresenta as trapalhadas de um papagaio.

3 Preencha esta ficha de leitura com os dados do livro e do texto que você leu.

Ficha de leitura

- TÍTULO DO LIVRO: _____
- NOME DO AUTOR: _____
- EDITORA: _____
- COMENTÁRIO SOBRE O TEXTO: _____

4 Observe esta capa de outro livro.

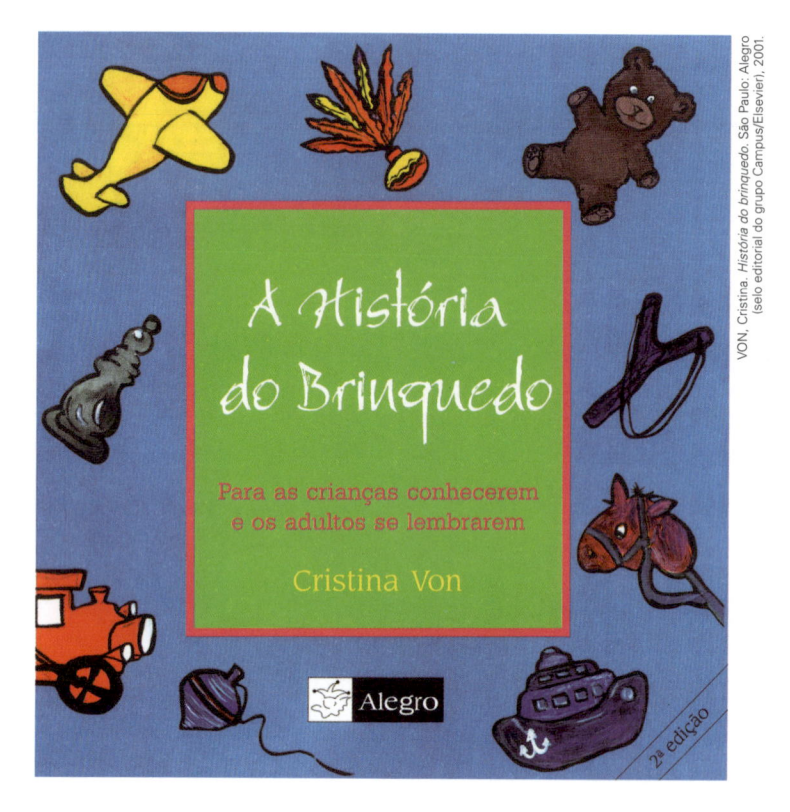

a) Qual é o título desse livro?
_____

b) Quem o escreveu?
_____

c) Qual é o nome da editora que publicou esse livro?
_____

d) Escreva o nome destes brinquedos, presentes na capa do livro.

_____   _____   _____

230 duzentos e trinta

5 Leia um dos textos que fazem parte desse livro.

Bola

A bola é um dos objetos mais antigos usados nos esportes, jogos e brincadeiras.

Redondas ou ovais, há 6 500 anos eram feitas de fibra de bambu, no Japão, e de crinas de animais, na China.

Romanos e gregos utilizavam tiras de couro e penas de aves para confeccionar suas bolas, mas o material preferido era a bexiga de boi.

A bola de futebol chegou ao Brasil em 1894, junto com as regras do jogo, pelas mãos de Charles Miller.

[...]

Cristina Von. *A história do brinquedo*: para as crianças conhecerem e os adultos se lembrarem. São Paulo: Alegro (selo editorial do grupo Campus/Elsevier), 2001. p. 77.

- Escreva um comentário sobre esse texto.

_____

_____

_____

6 A partir dos dados identificados na atividade 4 e do seu comentário, preencha esta ficha de leitura sobre esse texto.

Ficha de leitura

- TÍTULO DO LIVRO: _____
- NOME DO AUTOR: _____
- EDITORA: _____
- COMENTÁRIO SOBRE O TEXTO: _____

7 Converse com seus colegas e com o professor sobre a seguinte questão: Por que uma ficha de leitura deve informar o título, o autor e a editora do livro?

duzentos e trinta e um **231**

Antes de continuar

1 Leia esta fábula.

A reunião geral dos ratos

Uma vez os ratos, que viviam com medo de um gato, resolveram fazer uma reunião para encontrar um jeito de acabar com aquele eterno transtorno.

Muitos planos foram discutidos e abandonados. No fim um rato jovem levantou-se e deu a ideia de pendurar uma sineta no pescoço do gato; assim, sempre que o gato chegasse perto eles ouviriam a sineta e poderiam fugir correndo.

Todo mundo bateu palmas: o problema estava resolvido. Vendo aquilo, um rato velho que tinha ficado o tempo todo calado levantou-se de seu canto.

O rato falou que o plano era muito inteligente, que com toda a certeza as preocupações deles tinham chegado ao fim. Só faltava uma coisa: quem ia pendurar a sineta no pescoço do gato?

Moral: Inventar é uma coisa, fazer é outra.

Esopo. *Fábulas de Esopo*. São Paulo: Companhia das Letrinhas, 1994. p. 18.

a) Nessa fábula, o rato jovem teve uma ideia para fugir da perseguição do gato. Que ideia foi essa?

_____

_____

_____

b) Por que a ideia não daria certo?

☐ Porque o gato fugiria antes de colocarem a sineta.

☐ Porque ninguém teria coragem de pendurar a sineta no pescoço do gato.

c) Circule a moral dessa fábula.

d) Qual é o sentido dessa moral?

☐ É muito fácil fazer o que inventamos.

☐ Inventar é mais fácil que fazer.

232 duzentos e trinta e dois

2 Observe algumas palavras do texto.

| problema | planos | encontrar | transtorno |

a) Circule os encontros consonantais dessas palavras.

b) Use algumas dessas palavras para completar estas frases.

- Muitos _____ foram discutidos e abandonados.
- Todo mundo bateu palmas: o _____ estava resolvido.

3 Leia em voz alta as palavras representadas por estas figuras.

BE-BÊ    LÂM-PA-DA    DO-MI-NÓ

PÁS-SA-RO    CHA-LÉ    MAI-Ô

a) Em cada palavra, sublinhe a sílaba pronunciada com mais intensidade.

b) Complete o quadro com essas palavras.

Som aberto	Som fechado

duzentos e trinta e três **233**

Fazer e aprender

Roda de histórias

No capítulo 7, você e seus colegas criaram um final diferente para o conto de Perrault, "Chapeuzinho Vermelho". Neste capítulo, produziram uma fábula com base na leitura dos textos de Esopo. Agora, vocês apresentarão seus textos a toda a turma em uma roda de histórias.

Preparação

Com o professor e toda a classe, escolham o dia e o horário em que a roda de histórias acontecerá.

Dia	
Horário	

- Onde as leituras acontecerão? Escolham o local para a roda de histórias.

  ☐ Sala de aula.
  ☐ Biblioteca.
  ☐ Pátio.
  ☐ Outro. Qual? _____

Definam a sequência das apresentações, isto é, a ordem em que os textos serão lidos. Quais textos serão lidos primeiro?

☐ As fábulas. ☐ Os contos tradicionais.

Reúnam-se com seu grupo para preparar a apresentação de vocês.

Escolham quem será responsável por apresentar os textos. Eles devem ser lidos por alunos diferentes e, se preferirem, mais de um aluno poderá ler o mesmo texto.

Texto	Título	Leitor ou leitores
Conto		
Fábula		

234 duzentos e trinta e quatro

Ensaiem a apresentação. Estas dicas poderão ajudá-los.

Dicas para o ensaio

- Os alunos responsáveis pela leitura devem ler várias vezes o texto em voz alta para seus colegas de grupo.
- Os outros alunos do grupo devem ouvir atentamente o ensaio dos colegas e dar-lhes dicas de como melhorar a leitura.
- Como todos estarão sentados em roda, é fundamental que mesmo o aluno que estiver mais distante do leitor possa ouvi-lo. Assim, o leitor deverá falar com uma voz forte o suficiente para que todos os colegas possam entender a história lida, mostrando a ilustração após terminar a leitura.

Apresentação

No dia marcado, apresentem os textos aos colegas da classe, conforme combinado.

Durante a leitura, é importante que todos fiquem em silêncio para ouvir com atenção o texto lido pelos colegas. Após a leitura, os outros alunos poderão fazer perguntas e comentar o trabalho dos grupos.

Avaliação

Ao encerrar a apresentação, conversem com a classe e com o professor para avaliar o desempenho dos grupos.

Hora de avaliar

- A ordem de apresentação foi seguida?
- Cada grupo apresentou uma fábula e um conto tradicional?
- Todos entenderam as histórias?
- Após a leitura, os alunos fizeram perguntas e comentaram os textos dos colegas?
- Os grupos responderam às perguntas dos colegas?

duzentos e trinta e cinco **235**

Rever e aprender

1 Leia o trecho inicial deste conto.

O lobo e os sete cabritinhos

Era uma vez uma velha cabra, que tinha sete cabritinhos novos e gostava deles como uma mãe gosta dos filhos. Um dia ela quis ir para a floresta buscar comida; então chamou todos os sete e disse:

– Filhos queridos, eu quero sair para a floresta; tomem cuidado com o lobo; se ele entrar, come-os todos com pele e osso. O malvado se disfarça muitas vezes, mas vocês poderão reconhecê-lo pela sua voz grossa e pés negros.

Os cabritinhos disseram:
– Querida mãe, nós vamos ter muito cuidado. Pode sair sem receio.

Então a velha despediu-se e pôs-se a caminho sossegada.

Não demorou muito e alguém bateu na porta da casa e gritou:
– Abram, filhos queridos, a sua mãe está aqui e trouxe alguma coisa para cada um de vocês!

Mas os cabritinhos perceberam pela voz grossa que era o lobo.
[...]

Jakob Grimm. *Os contos de Grimm*. Trad. Tatiana Belinky. São Paulo: Paulus, 1989. p. 96-97.

a) Quem são as personagens dessa história?

_____
_____

b) Sublinhe o trecho em que o lobo tenta convencer os cabritinhos a abrir a porta.

c) Circule no texto três palavras que terminam com o mesmo som final e com as mesmas letras finais de **mão**.

d) Escreva três palavras do texto que tenham o mesmo som final e letras de **brincam**.

_____

236 duzentos e trinta e seis

2 Releia um trecho da fábula "O sapo e o boi".

"– Olhem só o tamanho do sujeito! Até que ele é elegante, mas grande coisa: se eu quisesse também era.
   Dizendo isso o sapo começou a estufar a barriga e em pouco tempo já estava com o dobro de seu tamanho normal.
   – Já estou grande que nem ele? – perguntou aos outros sapos.
   – Não, ainda está longe! – responderam os amigos.
   O sapo se estufou mais um pouco e repetiu a pergunta.
   – Não – disseram de novo os outros sapos –, e é melhor você parar com isso porque senão vai acabar se machucando."

a) Que animais aparecem conversando nesse trecho?

☐ O sapo e o boi.   ☐ O sapo e seus amigos.

b) Qual é o sinal gráfico que indica as falas de cada animal?

☐ Balões.   ☐ Travessão.   ☐ Aspas.

c) Observe a divisão silábica de algumas palavras desse trecho.

gran-de	coi-sa	do-bro
pou-co	a-mi-gos	ou-tros

- Quais dessas palavras apresentam encontro consonantal?
  _____

3 Releia um trecho da fábula "O burro e o cachorrinho".

Sempre que pensava na vida boa do cachorrinho, que só se divertia e não era obrigado a fazer nada, o burro se chateava com a trabalheira que ficava por conta dele.
"Quem sabe se eu fizer tudo o que o cachorro faz nosso dono me trata do mesmo jeito?"

- Nesse trecho, as aspas (" ") foram utilizadas para indicar:

  ☐ um pensamento do burro.

  ☐ uma fala do cachorro.

duzentos e trinta e sete **237**

Para conhecer mais

Nestas duas páginas, apresentamos sugestões de leitura que vale a pena o aluno conhecer. Elas complementam as indicações feitas em cada capítulo do livro.

Capítulo 1

Anna Llimós. **Trabalhos manuais**: massinha de modelar. São Paulo: Ciranda Cultural, 2007.

É possível realizar todos os trabalhos manuais propostos por esse livro, seguindo, apenas, cinco passos. As técnicas não são difíceis, e os materiais necessários são simples.

Katherine Ibbs. **O pequeno mestre-cuca**: deliciosas receitas passo a passo para crianças. São Paulo: Publifolha, 2005.

Nesse livro, o leitor encontrará receitas variadas e que possibilitam a participação de crianças na cozinha.

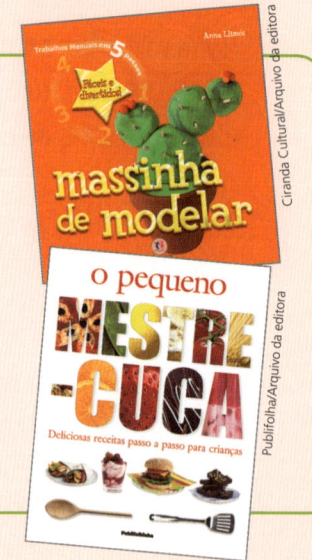

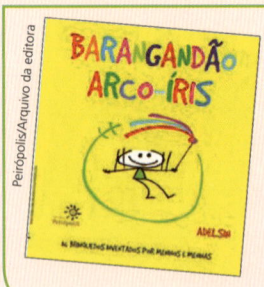

Capítulo 2

Adelson Murta Filho. **Barangandão arco-íris**: 36 brinquedos inventados por meninos e meninas. São Paulo: Peirópolis, 2008.

Explica, passo a passo, como se constroem brinquedos com material reciclado, além de ensinar como se brinca com eles. O livro é resultado de pesquisas em cidades do interior de Minas Gerais e da Bahia.

Capítulo 3

Zuleika de Felice Murrie. **Você sabia?**: nomes populares dos animais da fauna brasileira de A a Z. São Paulo: Biruta, 2008.

O livro propõe adivinhas sobre os animas brasileiros e traz muitas informações e curiosidades a respeito da nossa fauna.

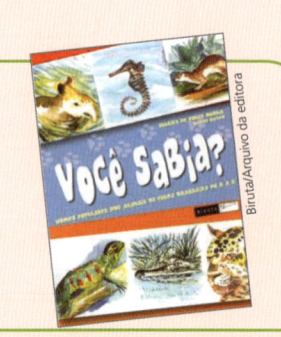

Capítulo 4

Planeta Terra: enciclopédia de ecologia. São Paulo: Abril, 2008. (Revista *Recreio*.)

Enciclopédia **Missão: espaço**: uma viagem pelo Universo. São Paulo: Abril, 2010. (Revista *Recreio*.)

Nessas duas enciclopédias, ricamente ilustradas, o leitor encontrará diversas informações apresentadas na forma de textos expositivos de divulgação científica.

Capítulo 5

Lalau e Laurabeatriz. **Boniteza silvestre**: poesia para os animais ameaçados pelo homem. São Paulo: Peirópolis, 2007.

O livro apresenta poemas que enfocam os animais que estão ameaçados pela cobiça do homem. Traz um divertido jogo de cartas com as imagens.

José Paulo Paes. **Poemas para brincar**. São Paulo: Ática, 2008.

Nesse livro, considerado um clássico da literatura infantil brasileira, o leitor é convidado a uma viagem repleta de diversão e encantamento com as palavras.

Capítulo 6

Carla Caruso. **Poemas para assombrar**. São Paulo: Larousse do Brasil, 2008.

O livro traz histórias em versos, com personagens assustadoras como bruxas, bicho-papão e fantasmas. As histórias são de arrepiar e, ao mesmo tempo, bastante engraçadas.

Capítulo 7

Mauricio de Sousa. **Turma da Mônica em contos de Andersen, Grimm e Perrault**. São Paulo: Girassol, 2008.

Os principais contos tradicionais com a participação dessas personagens tão queridas das crianças. Em edição bem cuidada, o livro traz várias páginas ilustradas e coloridas.

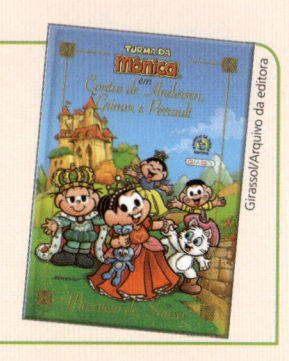

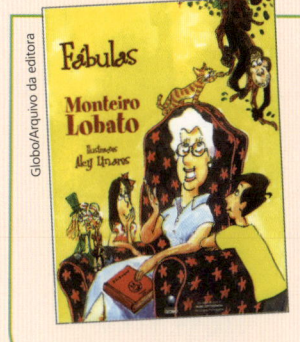

Capítulo 8

Monteiro Lobato. **Fábulas**. São Paulo: Globo, 2008.

Edição ampliada do livro *Fábulas de Narizinho*, publicado pela primeira vez em 1922. Nessa obra, o autor não só reconta as fábulas de Esopo e La Fontaine, como também cria as suas. As fábulas são recontadas de modo comentado, e as personagens de Monteiro Lobato têm até a liberdade de criticar algumas lições de moral.

duzentos e trinta e nove **239**

Referências bibliográficas

BRÄKLING, Kátia Lomba. Modalidades didáticas de trabalho com linguagem. In: SÃO PAULO (Estado). Secretaria de Educação do Estado de São Paulo. *II encontro de gestão pedagógica com foco na aprendizagem*: o uso dos materiais no ler e escrever. São Paulo: SEE/FDE, 2010.

BRASIL. Ministério da Educação/Secretaria de Educação Fundamental. *Parâmetros curriculares nacionais*: Língua Portuguesa. Brasília: MEC/SEF, 1997.

_____. Ministério da Educação/Secretaria da Educação Básica. *Referencial curricular nacional para a educação infantil*. Brasília: MEC/SEB, 2007. Fascículo 1.

_____. Ministério da Educação/Secretaria da Educação Básica. *Acervos complementares*: as áreas do conhecimento nos dois primeiros anos do Ensino Fundamental. Brasília: MEC/SEB, 2009.

_____. Ministério da Educação/Secretaria da Educação Básica. *Pró-letramento – programa de formação continuada de professores dos anos/séries iniciais do Ensino Fundamental*: alfabetização e linguagem. Brasília: MEC/SEB, 2007. Fascículo 1.

CAGLIARI, Luis Carlos. *Alfabetizando sem o ba, bé, bi, bó, bu*. São Paulo: Scipione, 1998.

DEVRIES, Rheta; ZAN, Betty. A hora da roda. In: *A ética na educação infantil*: o ambiente sócio-moral na escola. Porto Alegre: Artes Médicas, 1998.

LAMBERT, David; NAISH, Darren; WYSE, Elisabeth. *Enciclopédia dos dinossauros e da vida pré-histórica*. São Paulo: Abril, 2008.

MACHADO, Irene de Araújo. *Literatura e redação*: os gêneros literários e a tradição oral. São Paulo: Scipione, 1994.

MESQUITA, Roberto Melo. *Gramática da língua portuguesa*. São Paulo: Saraiva, 1997.

MORAIS, Artur Gomes de. *Ortografia*: ensinar e aprender. São Paulo: Ática, 2000.

ROJO, Roxane. *Letramentos e capacidade de leitura para a cidadania*. São Paulo: SEE/CENP, 2004.

_____. *Letramentos múltiplos, escola e inclusão social*. São Paulo: Parábola Editorial, 2009.

SÃO PAULO (Estado). Secretaria de Educação do Estado de São Paulo. *Ler e escrever*: guia de planejamento e orientações didáticas; professor alfabetizador – 1ª série. São Paulo: SEE/FDE, 2008.

SÃO PAULO (Município). Secretaria Municipal de Educação. Diretoria de Orientação Técnica. *Projeto Toda Força ao 1º Ano*: guia para o planejamento do professor alfabetizador – orientações para o planejamento e avaliação do trabalho com o 1º ano do Ensino Fundamental. São Paulo: SME/DOT, 2006. v. 3.

ZATZ, Silvia et al. *Brinca comigo!*: tudo sobre brincar e os brinquedos. São Paulo: Marco Zero, 2006.

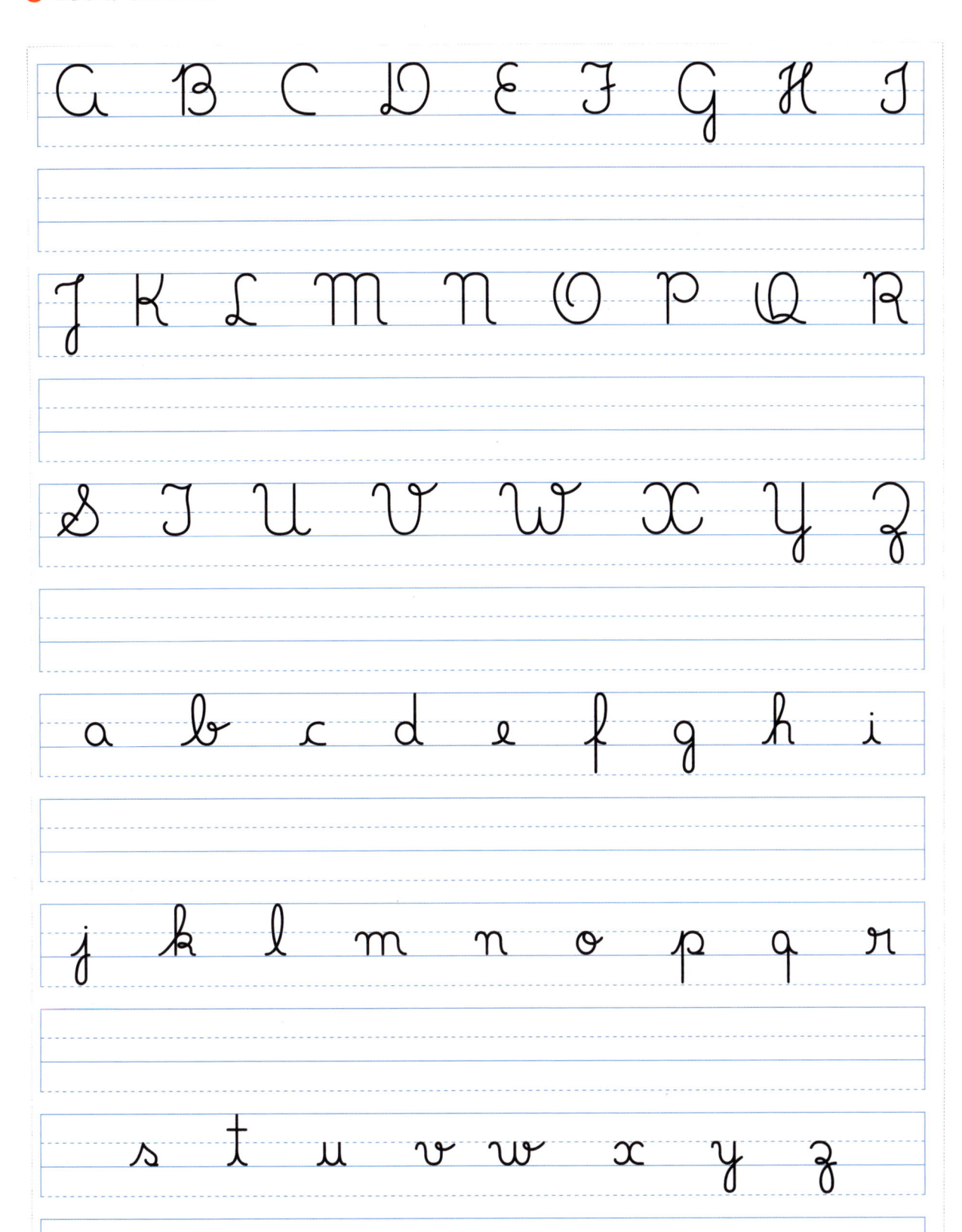

Encarte

● **Letra cursiva**

A B C D E F G H I

J K L M N O P Q R

S T U V W X Y Z

a b c d e f g h i

j k l m n o p q r

s t u v w x y z

duzentos e quarenta e um **241**

Encarte

- **Escrevendo com letra cursiva**

Brigadeiro sem fogo

Ingredientes

1 lata de leite condensado

1 copo de leite em pó

1 xícara e meia de chá de achocolatado

1 xícara de chá de granulado

Modo de fazer

Misture bem o achocolatado com o leite em pó. Depois, adicione o leite condensado e mexa até formar uma massa uniforme. Lave bem as mãos para fazer bolinhas com a massa. Passe as bolinhas no granulado.

Encarte

Stop

Quando posso escrever uma palavra com ç?

S inicial	SS	C inicial	Ç
Pontos:	Pontos:	Pontos:	Pontos:

duzentos e quarenta e cinco **245**

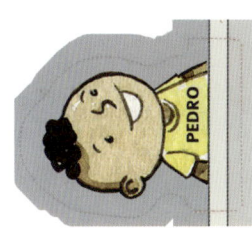

Encarte

Ordem alfabética

Encarte

duzentos e quarenta e nove **249**

Encarte

● **Capítulo 1, página 19, atividade 4**

● **Capítulo 3, página 75, atividade 4**

Ai!

Oba! Amanhã é meu aniversário!

● **Capítulo 5, página 129, atividade 3**

● **Capítulo 7, página 202, atividade 1**

queriam

um

ficavam

Desejavam

duzentos e cinquenta e um **251**

Encarte

Fábula: O rato do mato e o rato da cidade

O rato do mato e o rato da cidade

– Tenho muita pena da pobreza em que você vive – disse ele. – Venha morar comigo na cidade e você verá como lá a vida é mais fácil.

Um ratinho da cidade foi uma vez convidado para ir à casa de um rato do campo.

Mais vale magro no mato que gordo na boca do gato.

Vendo que seu companheiro vivia pobremente de raízes e ervas, o rato da cidade convidou-o a ir morar com ele:

Foram logo à despensa e estavam muito bem, comendo comidas fartas e gostosas, quando de repente entrou uma pessoa com dois gatos, que pareceram enormes ao ratinho do campo.

Lá se foram os dois para a cidade, onde se acomodaram numa casa muito rica e bonita.

– Eu vou para o meu campo – disse o rato do campo quando o perigo passou. – Prefiro minhas raízes e ervas na calma às suas comidas gostosas com todo este susto.

Os dois ratos correram espavoridos para se esconder.

Ruth Rocha. *Fábulas de Esopo*. 2. ed. São Paulo: Salamandra, 2003. p. 24-25.

Encarte

Ruth Rocha. *Fábulas de Esopo*. 2. ed. São Paulo: Salamandra, 2003. p. 24-25.